中华复兴之光
伟大科教成就

# 完备教育体系

周丽霞 主编

汕头大学出版社

# 图书在版编目（CIP）数据

完备教育体系 / 周丽霞主编. -- 汕头 : 汕头大学
出版社，2016.3（2023.8重印）
　　（伟大科教成就）
　　ISBN 978-7-5658-2441-8

　　Ⅰ．①完… Ⅱ．①周… Ⅲ．①教育史－中国－古代－
通俗读物 Ⅳ．①G529.2-49

中国版本图书馆CIP数据核字(2016)第043986号

## 完备教育体系　　　　WANBEI JIAOYU TIXI

主　　编：周丽霞
责任编辑：任　维
责任技编：黄东生
封面设计：大华文苑
出版发行：汕头大学出版社
　　　　　广东省汕头市大学路243号汕头大学校园内　邮政编码：515063
电　　话：0754-82904613
印　　刷：三河市嵩川印刷有限公司
开　　本：690mm×960mm　1/16
印　　张：8
字　　数：98千字
版　　次：2016年3月第1版
印　　次：2023年8月第4次印刷
定　　价：39.80元
ISBN 978-7-5658-2441-8

# 前言

　　党的十八大报告指出："把生态文明建设放在突出地位，融入经济建设、政治建设、文化建设、社会建设各方面和全过程，努力建设美丽中国，实现中华民族永续发展。"

　　可见，美丽中国，是环境之美、时代之美、生活之美、社会之美、百姓之美的总和。生态文明与美丽中国紧密相连，建设美丽中国，其核心就是要按照生态文明要求，通过生态、经济、政治、文化以及社会建设，实现生态良好、经济繁荣、政治和谐以及人民幸福。

　　悠久的中华文明历史，从来就蕴含着深刻的发展智慧，其中一个重要特征就是强调人与自然的和谐统一，就是把我们人类看作自然世界的和谐组成部分。在新的时期，我们提出尊重自然、顺应自然、保护自然，这是对中华文明的大力弘扬，我们要用勤劳智慧的双手建设美丽中国，实现我们民族永续发展的中国梦想。

　　因此，美丽中国不仅表现在江山如此多娇方面，更表现在丰富的大美文化内涵方面。中华大地孕育了中华文化，中华文化是中华大地之魂，二者完美地结合，铸就了真正的美丽中国。中华文化源远流长，滚滚黄河、滔滔长江，是最直接的源头。这两大文化浪涛经过千百年冲刷洗礼和不断交流、融合以及沉淀，最终形成了求同存异、兼收并蓄的最辉煌最灿烂的中华文明。

五千年来，薪火相传，一脉相承，伟大的中华文化是世界上唯一绵延不绝而从没中断的古老文化，并始终充满了生机与活力，其根本的原因在于具有强大的包容性和广博性，并充分展现了顽强的生命力和神奇的文化奇观。中华文化的力量，已经深深熔铸到我们的生命力、创造力和凝聚力中，是我们民族的基因。中华民族的精神，也已深深植根于绵延数千年的优秀文化传统之中，是我们的根和魂。

中国文化博大精深，是中华各族人民五千年来创造、传承下来的物质文明和精神文明的总和，其内容包罗万象，浩若星汉，具有很强文化纵深，蕴含丰富宝藏。传承和弘扬优秀民族文化传统，保护民族文化遗产，建设更加优秀的新的中华文化，这是建设美丽中国的根本。

总之，要建设美丽的中国，实现中华文化伟大复兴，首先要站在传统文化前沿，薪火相传，一脉相承，宏扬和发展五千年来优秀的、光明的、先进的、科学的、文明的和自豪的文化，融合古今中外一切文化精华，构建具有中国特色的现代民族文化，向世界和未来展示中华民族的文化力量、文化价值与文化风采，让美丽中国更加辉煌出彩。

为此，在有关部门和专家指导下，我们收集整理了大量古今资料和最新研究成果，特别编撰了本套大型丛书。主要包括万里锦绣河山、悠久文明历史、独特地域风采、深厚建筑古蕴、名胜古迹奇观、珍贵物宝天华、博大精深汉语、千秋辉煌美术、绝美歌舞戏剧、淳朴民风习俗等，充分显示了美丽中国的中华民族厚重文化底蕴和强大民族凝聚力，具有极强系统性、广博性和规模性。

本套丛书唯美展现，美不胜收，语言通俗，图文并茂，形象直观，古风古雅，具有很强可读性、欣赏性和知识性，能够让广大读者全面感受到美丽中国丰富内涵的方方面面，能够增强民族自尊心和文化自豪感，并能很好继承和弘扬中华文化，创造未来中国特色的先进民族文化，引领中华民族走向伟大复兴，实现建设美丽中国的伟大梦想。

# 目 录

# 北京国子监

　　从元代元成宗继位开始，北京开始设立大都庙学和国子监。北京国子监始建于元代大德十年间，就是公元1302年左右，是当时我国官方的最高学府，也是元、明、清三代国家管理教育的最高行政机关。

　　北京国子监坐落在北京东城区安定门内国子监街，街两侧槐荫夹道，大街东西两端和国子监大门两侧牌楼彩绘，是北京仅存的建有四座牌坊的古建街。国子监整体建筑坐北朝南，中轴线上分布着集贤门、太学门、琉璃牌坊、辟雍、彝伦堂、敬一亭。东西两侧有四厅六堂，构成传统的对称格局，是我国现存的古代中央公办大学建筑。

# 元代创建北京孔庙和国子监

那是在1222年，元太宗窝阔台的重臣王檝向窝阔台建议，待灭金计划取得胜利后，就把金国都城中都城南的枢密院旧址改建成孔庙，以便春、秋两季能有地方进行释奠礼，元太宗同意了王檝的建议。

1234年，元军攻灭金国，王檝又向太宗窝阔台提出这一想法，并同时建议在建孔庙时设立国子学，这一次又获元太宗准许。

1266年，元世祖忽必烈登基即位，立刻命令开始兴建元代新都，建都地点就选在金国中都故地，并命大臣刘秉忠负责新都的整体规划。

当时的燕京之地刚刚从战火中平定下来，刘秉忠可以说是元大都的主要设计者。从那时起，北京的孔庙和国子监就有了确切的规划位置。

刘秉忠规划好的大都，由于种种原因，在忽必烈一朝没有动工修建，大都的孔庙和国子监也是在30多年后

元成宗铁穆尔继位时才开始兴建的。

1299年，元成宗的左丞相哈喇哈斯奏请元成宗筹建大都孔庙，庙内设学馆，选拔名儒做教员，让近臣子弟入学，这就是元代的"庙学"。元成宗同意了这一奏请。经过3年筹备，1302年6月，在哈喇哈斯的直接督促和指挥下，修建孔庙的工程在北京正式动工。

在建设孔庙的工程中，有一位汉族官员在其中发挥了至关重要的组织管理作用，他就是贾驯。修建孔庙时贾驯位任工部奉正大夫，他"入理曹务，出营庙事"，不管风吹雨打还是烈日寒风，他始终坚守在孔庙工程现场，亲自组织指挥，具体到涂墙墁地、砍削梁材，他都亲自谋划、指点。1306年8月，京师孔庙终于在忽必烈时期刘秉忠规划的位置上建成。

在修建京师孔庙的同时，御史中丞何玮对元成宗提议，希望按照

"左庙右学"的传统规制，在孔庙的西边营建国子监。元成宗欣然同意。

1306年正月，京师孔庙竣工前7个月，营建国子监的浩大工程也正式开工。到元武宗海山继位时的1308年，北京国子监终于建成。

元王朝从1266年刘秉忠设定北京孔庙和国子监位置到最后的完全建成，历经元世祖、元成宗、元武宗三朝42年的时间。

元代北京孔庙的建筑形制是参照当时山东曲阜孔庙而建成的，后经历代多次重修，成为了元、明、清三代京城祭孔之所在，但整体建筑仍保留了元代的风格。

北京孔庙由三进院落组成，以大成殿为中心，"大成"取"孔子之谓集大成"之意。中轴线由南向北依次为先师门、大成门、大成殿、崇圣门和崇圣祠，大成殿为主体建筑，建筑规模仅次于山东曲阜的孔庙。

先师门又称棂星门，是孔庙的大门，面阔3间，进深7檩，单檐歇山顶式建筑结构，先师门两侧连接庙宇的外围墙，犹如一座城门。

先师门之后便是大成门。大成门后来在清代重修为面阔5间，进深9檩，单檐歇山顶。整座建筑坐落在高大的砖石台基上，中间的御路石上，浮雕有海水龙纹的图样，其中五龙戏珠，栩栩如生。

大成门前廊两侧摆放着10枚石鼓，每枚石鼓的鼓面上都篆刻一首上古游猎诗，是仿周宣王时的石鼓遗物而刻制的。

孔庙的第一进院落是皇帝祭拜孔子之前筹备各项事宜的场所，东侧设有宰牲亭、井亭和神厨，用于准备祭孔时所需三牲的宰杀、清洗和烹制。两侧有神库、致斋，用来存放祭孔的礼器和供品的备制。

在第一进院落的御路两侧立有198座高大的进士题名碑。其中元代所刻3通，明代所刻77通，清代所刻118通，记载了元、明、清三代各科进士的姓名、籍贯和名次，共计51624人。

孔庙的第二进院落是孔庙的中心院落，每逢祭孔大典，这里便钟鼓齐鸣，乐舞升平。大成殿是第二进院落的主体建筑，也是整座孔庙的中心建筑，是孔庙内最神圣的殿堂。

大成殿殿内全部采用金砖铺地，是我国封建社会中最高等级的建

筑，堪与后来的故宫太和殿相媲美。殿内正中设有"大成至圣文宣王"孔子牌位，以及一套清代的乐器和祭器，包括编钟、编磬、琴、瑟、笾豆、登和爵等。

孔子牌位两边设有配享牌位，复圣颜回、述圣孔伋、宗圣曾参、亚圣孟轲被称为"四配"。

殿内东边分列的儒学名人有闵损、冉雍、端木赐、仲由，卜商和有若，西边分立的儒学名人有冉耕、宰予、冉求、言偃、颛孙师和朱嘉12人的牌位，这12人被称为儒学中的"十二哲"。

大殿内外悬有清康熙至清宣统之间的9位皇帝御匾，均是皇帝亲书的对孔子的四字赞语，十分珍贵。

孔庙的第三进院落最具特色，由崇圣门、崇圣殿和东西配殿组成独立完整的院落，与前二进院落分割明显却又过渡自然，反映出古人在建筑布局上的巧妙构思。这组建筑称为崇圣祠，是祭祀孔子五代先

祖的家庙，后来重修时将灰瓦顶改为绿琉璃瓦顶。

崇圣殿又称五代祠，面阔5间，进深7檩，殿前建有宽大的月台，月台三面建有垂带踏步各10级。殿内供奉孔子五代先人的牌位以及配享的颜回、孔伋、曾参和孟轲4位先哲之父的牌位。

东西配殿坐落在砖石台基上，面阔3间，进深5檩，为单檐悬山式顶，内奉程颐、程颢、张载、蔡沈、周敦颐和朱熹6位先儒之父的牌位。

三进院落及其建筑具有明确的建筑等级差别和功能区域划分，和谐统一地组成了一整套皇家祭祀性建筑群落，是我国古代建筑的杰出代表。

元代北京国子监坐落在北京东城区安定门内国子监街15号，与孔庙相邻。经过元代以后的建设，成为了元、明、清三代国家最高学府及教育行政管理机构。是我国现存唯一的古代中央公办大学建筑。

国子监整体建筑坐北朝南，中轴线上分布着集贤门、太学门、琉璃牌坊、辟雍及两侧的六堂、彝伦堂、敬一亭，构成传统的对称格局。

集贤门是国子监的大门，门内院子东西设有井亭，东侧的持敬门与孔庙相通。

太学门是国子监的第二门，进入后就是国子监的第二进院落。里面有琉璃牌坊，辟雍和彝伦堂。

琉璃牌坊是3间四柱七楼庑殿顶式琉璃牌坊，建于清乾隆时期的1783年。横额正反两面均为皇帝御题，正面额书"圜桥教泽"，阴面为"学海节观"，彩画华美，是我国古代崇文重教的象征，也是北京唯一不属于寺院的琉璃牌坊，是专门为教育而设立的。

辟雍建于清1784年，是国子监的中心建筑。建于中轴线中心一座圆形水池中央的四方高台上，是一座重檐攒尖顶殿宇。四面开门，设台阶6级。

辟雍周围环绕着长廊，四面架设精致的小桥横跨水池，使殿宇与院落相通，这种建筑形制象征着"天圆地方"。清代乾隆皇帝之后，每逢新帝即位，都要来此做一次讲学，以示中央政府对高等教育的重视。

六堂是位于辟雍左右两侧的33间房，合称为六堂，分别为：率性堂、诚心堂、崇志堂、修道堂、正义堂、广业堂，是国子监学生贡生和监生的教室。

彝伦堂位于辟雍以北，元代名为崇文阁，明代永乐年间予以重建并改名为彝伦堂。早年曾是皇帝讲学之处，兴建辟雍之后，则改为监内的藏书处。

敬一亭位于在彝伦堂之后，是国子监的第三进院落。建于明嘉靖年间的1528年，设有祭酒厢房和司业厢房和7座御制圣谕碑，是国子监祭酒办公的场所。

值得一提的是，在国子监与孔庙的夹道内，还珍藏有190通"十三

经"刻石碑，这些石经内容包括13部儒家经典，即《周易》、《尚书》、《诗经》、《周礼》、《仪礼》、《礼记》、《春秋左传》、《春秋公羊传》、《春秋谷梁传》、《论语》、《孝经》、《孟子》、《尔雅》，计63万多字，为我国仅存的一部最完整的"十三经"刻石。这些石刻经书刻于清代乾隆年间，故又有"乾隆石经"之称。

知识点滴

　　北京孔庙大成殿前有一株"复苏槐"，高约15米，由两棵主干组成，周长分别为2.6米和2.5米，似一对孪生兄弟并肩而立，向人们展示着独特的风采。据记载，这颗槐树种植于元代，是元代第一任祭酒许衡所种植，但是人们为什么叫它"复苏槐"呢？

　　相传在明末的时候，这颗槐树就已经枯死了，但是到清乾隆年间，枝干上又忽然萌发出了许多新芽，最终枯而复荣。国子监的师生们发现后，纷纷称奇并相互传颂，当时正值乾隆生母慈宁太后的六十寿辰，人们就认为这是一种吉祥的征兆，所以命名为复苏槐。

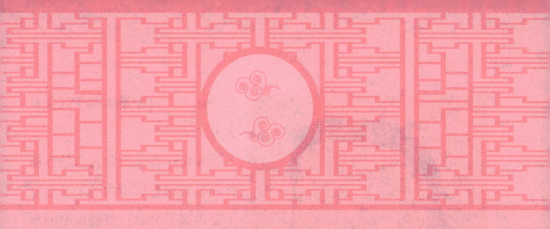

# 元代北京中央官学的就学

元代北京中央官学是指元代执政者为官员子弟创办的学校，集中在国子监。当时创办的学校有蒙古国子学、汉文国子监学和回回国子监学，这些学校为元王朝培养了大批人才。

蒙古国子学开始于1271年正月，元世祖忽必烈下诏立京师蒙古国子学，教习诸生，在随朝的蒙古、汉人及怯薛军官员中选子弟俊秀者入学。待生员习见成效，出题试问，观其所对精通者，量授官职。

元成宗时，开始增生员的膳食津贴，元武宗时，又定伴

读员40人，以在籍生员学问优长者补之。

元代还在今内蒙古自治区锡林郭勒盟正蓝旗境内的上都设立了蒙古国子分学。其授课时间与皇帝巡幸上都的时间基本一致，其余时间都在大都上课。

从总休上说，元代的蒙古国子学呈现了发展的态势，生员的数量最高曾经达400多人。生员当中，庶民子弟也占一定的比例。同时，蒙古国子学中配有博士、助教、教授、学正、学录、典给、典书等师儒之职，各员不等。

1277年，元政府设立蒙古国子监，置司业1员。1292年，准汉人国学例，置祭酒、司业、监丞。以后又增设令史1人，必阇赤1人，知印1人。

国子学或国子监，都是我国古代封建社会的教育管理机关和最高学府，都具备了两种功能，一是国家管理机关的功能，二是国家最高学府的功能。所不同的是，"国子学"是传授知识，指向教育和最高学府的功能；"国子监"是督查监管，指向国家教育管理的功能。

元代蒙古国子监既是管理机构，也是教学机构，它和蒙古国子学一道为元政府培养了众多的蒙古族人。汉文国子监学是元政府于1269年设立的。应该说，这所学校是蒙古执政者实施汉法的产物。

1270年，元政府命蒙古人、汉人、色目人、南人的子弟11人入学，以长者4人从许衡，童子7人从王恂。1287立国子学，而定其制。

国子监学所配置的师儒之职与蒙古国子学大同小异。讲授的主要内容是，先学《孝经》、《小学》、《论语》、《孟子》、《大学》、《中庸》，接下来学《诗》、《书》、《礼记》、《周礼》、《春秋》、《易》。

元世祖时期定国子学生员之数为200人，先令100人及伴读20人入学。其百人之内，蒙古族人半之，色目、汉人半之。1311年7月，定生员额300。在300人当中，蒙古族生员所占的比重也是比较大的。

至元初年还设置了隶属于集贤院的汉文国子监，选七品以上朝官子孙为国子监生员，随朝三品以上官员可以举荐俊秀的平民子弟入学，成为陪堂生伴读。因此，汉文国子监是蒙古族生员学习汉族文化的一个主要场所。

当时，著名理学家许衡被延请到国子学执教，成为元代第一任国子祭酒。其后还有虞集、欧阳玄、苏天爵、张翥等。

国子监宣扬程朱理学，用儒家义理派的主张培养人才，这些人学成后逐步进入元政府各级机构，自然会对当时的政策发生重大影响。

回回国子监学设置于1289年。这年4月，尚书省的臣员进言说：

> 亦思替非文字宜施於用。今翰林院益福的哈鲁丁能通其字学。乞授以学士之职，凡公卿大夫与夫富民之子，皆依汉人入学之制，日肆习之。

翰林院的哈鲁丁是回回学者，是熟悉亦思替非文字的人。亦思替非文字是古代伊朗人所创造的一种特有的文字符号系统及计算方法，用以书写国王及政府有关财务税收，清算单据，税务文书等。阿拉伯哈利发帝国兴起后继续用这种文字以管理和书写有关财务税收事项，

是一种具有保密性又便于统计数目的文字。

亦思替非文字不是一般的波斯文或阿拉伯文，而是一种专门学问，其中有较为精密的数学统计方法。翰林院益福的哈鲁丁掌握了这种学问，也可算是"绝学"了。朝廷采纳了尚书省的这个意见，在1289年8月设置了回回国子学。元仁宗执政时，朝廷

又设置回回国子监。回回国子监管辖回回国子学。

在回回国子学中，教师们用正规的办法训练通晓亦思替非文、波斯文和阿拉伯文的翻译人才。元政府让相当一部分蒙古族儿童在回回国子学就读，目的是培养诸官衙口的翻译人才。

元代建立回回国子学是一所外国语学校，它是蒙古族教育史，乃至我国教育史上最早建立的一所外国语学校。我国至今使用的阿拉伯数字，就是元代时期来华穆斯林带来的。

知识点滴

元大都有一条国子监街，位于现在的北京安定门内大街路东，是元世祖忽必烈于1286年修建的。街道中段的两座牌坊题名为"国子监"，实为太学标志。元世祖忽必烈在1274年进驻大都以前，太学设在大都城西南方的金中都城枢密院旧址，首任祭酒是学者许衡。

有趣的是，元代太学的放学时间，居然以日影转到后院为准。崇文阁前有一株古槐，相传是元代首任祭酒许衡手植，史载"国学古槐一株，元臣许衡所植。"枯萎多年以后，曾于1751年发芽重生。

# 明代北京国子监及其管理

　　明代北京国子监，是在1420年明成祖朱棣从南京迁都北京后改定的元大都国子监，于是明代国学有南北两监之分。南京国子监被称为"南监"或"南雍"，北京国子监则称为"北监"或"北雍"。

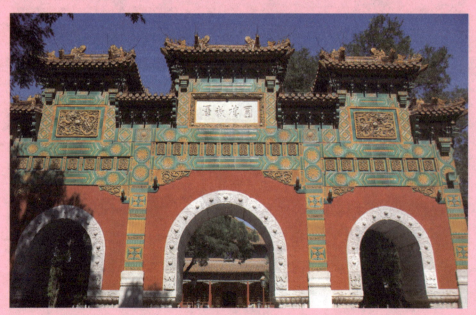

北京国子监还曾吸收了明代中都国子学的生员。1375年，明朝廷于凤阳设置中都国子学，当时与南京国子监、北京国子监并存，但当时中都国子学选收的学生，均为南京国子学考试优选之后的生员。至明成祖迁都北京后，朝廷罢中都国子监，将其师生并入北京国子监。

明代北京国子监的教职设有祭酒、司业及监丞、博士、助教、学正等，由学行卓异的名儒充当。学生称为监生或太学生。

明代国子监学生的来源大致有贡监、举监、荫监和例监的区别。贡监是由地方府、州、县儒学按计划选送在学生员贡国子监的学生；举监是会试落第举人直接入监的读书者；荫监是以荫袭而入监的国子监学生；例监是捐资财入监读书者。

按出身看，北京国子监学生又有民生和官生之分。民生是国子监出身庶民的学生，而官生是国子监学生中以恩荫入监的品官子弟。总之，进入国子监由于资格、来源的不同，虽然都是国子监学生，称谓却很不相同。

明代北京国子监学生到1393年增加到8000多名，到1422年已增加到9900多名，可谓盛极一时。明朱武宗以后学生只剩千余人。至明景泰、弘治之际，学生"奸惰"，教师"失职"，课业乃废。

明景泰以后，出现了用钱买国子监入学资格的"例监"现象，与明初太学相比，已是有名无实。因此，明代政府规定，必须入国学者才可当官，不入者不能得，参加科举考试的必须由学校出身，即所谓科举必由学校，而学校起家不必由科举。

在我国封建社会，为了培养"文武之才"，使国子监学生"能出入将相，安定社稷"，历代都规定"五经"或"四书"作为国子监的主要教材。明代也不例外。

明代北京国子监具体对学生课以名体达用之学，以孝悌、礼义、忠信、廉耻为之本，课程以《易》、《诗》、《书》、《春秋》、《礼记》等经典为专业教材，人习一经；以《大学》、《中庸》、《论语》、《孟子》为普通基础课。此外，还涉及刘向《说苑》及《御制大诰》、《大明律令》等时政文献。生员还要学习书法。

朝廷对国子监的管理都很严格，颁行了各种管理制度，包括考试升降制度、历练政事制度和放假制度等。国子监监生可以在监内寄宿，而且还发给灯火，供给膳食，享有免役的权利。

明代洪武和永乐年间，北京国子监还接受邻邦高丽、日本、暹罗等国的留学生。

明代国子监教育管理机构及其管理，在培养文武官吏，造就各种专门人才，繁荣我国古代学术文化，纳育各国留学生，促进中外文化交流乃至传承中华民族悠久历史文化等方面，都起到了积极的作用。

明王朝的第一位皇帝是朱元璋，是一位注重教育的皇帝。他办了许多学校，不仅有中央级别的国子监以及地方的府州县学，甚至还诏令设立社学，也就是乡村小学。

朱元璋还注重教育自己的孩子，帮助孩子选择一些内容健康、情调高雅的课外读物，以保证孩子接受正面教育。此外，他还经常为太子朱标进行艰苦创业和勤俭守成的教育，让他接触实际，带他到农民家中，详细观察农民的衣食住行，了解百姓的生活、生产情况，以达到"察民性好恶以知风俗美恶"的教育目的。

知识点滴

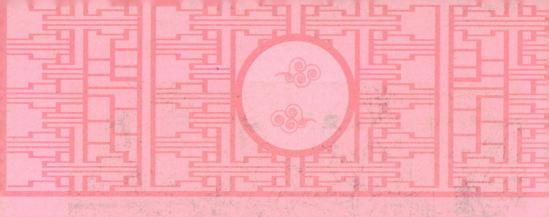

# 清代北京国子监及其管理

清代初年，修整明北京国子监为太学，裁掉南京国子监，改为江宁府学。清代北京国子监是全国最高学府。

清代北京国子监设祭酒满族、汉族各1人，司业满族、蒙古族、汉族各1人，职在总理监务、执掌教令。博士满族、汉族各1人，助教满族16人、蒙古族8人、汉族6人，学正汉族4人，学录汉族2人，职在教诲。典簿满族、汉族各1人，掌文牍事务。

国子监的生徒，来源很多，共分两大类。一为贡生，一为监生。贡生有岁贡、恩贡、拔贡、优贡、副贡、例贡这"六贡"，监生有恩监、荫监、优监、例监这"四监"。

岁贡，有地方贡于国家之意。府、州、县学按照规定的时限与数额，将屡经科考、食廪年深的生员，依次升贡到国子监。

1645年，清政府命中央直属各省起送贡生，府学每年1人，州学3年2人，县学2年1人。各地贡生到京后，要进行廷试。时间是每年五月十五日，后改为四月十五日。如有滥充者，即发回原学。一省发现5名以上，学政要被罚俸。

恩贡，是岁贡在特殊情况下的改称。清沿明制，每当赶上国家有庆典或皇帝登极，便颁布恩，以当年的岁贡生充恩贡。

拔贡是常贡之外所行的选贡之法。各地儒学生员，经过考选，凡学行兼优、年富力强、累试优等者，得以充拔贡。

清顺治时的1644年，首举选贡。顺天府特贡6人，每府学贡2人，州、县学各贡1人。当时为6年考选一次，乾隆时改为12年一次。

副贡，各省乡试除录取正卷外，另取若干名为副榜。大凡中副榜者，可以作为贡监，入国子监肄业，称副贡。

优贡，类同拔贡，每3年考选一次，举送的次数比拔贡多。

读书士子除了参加科举考试者外，由此而入仕途的，亦谓之正途。五贡就任官职，按科分名次和年分先后，恩、拔、优、副贡多以教谕选用，岁贡多以训导选用。但在具体实行中，常有变动。

在五贡之外，还有例贡。凡是儒学中的廪生、增生、附生，按政府规定报捐为贡生的，称为例贡。这是当时由捐纳入官的必由之路，由于是出资捐买而得，很为一般人所蔑视。

例贡或在监肄业，或在籍，均可称为国子监监生。乾隆年间议准，例贡如果志在由正途入仕，准其辞掉例贡头衔，以原来的身分参加科举考试。

在贡生之外，还有监生，包括恩监、荫监、优监和例监。

恩监，清乾隆年间开始实行，主要是选拔和照顾一些资历、身份较特殊的士子，恩准入监肄业。清乾隆时的1737年，准八旗汉文官学生应讲求经史，每3年奏请钦点大臣考试，优者拔作监生，与汉贡监等一体肄业。

1786年规定，凡陪祀孔庙的圣贤后裔，本人是武生俊秀及无功名顶戴的俊秀，均恩准做监生。另外，八旗算学生、汉算学生、钦天监天文生均准考恩监。

荫监，又分恩荫和难荫两种。恩荫是按内外文武官员品级，荫子入监。

1645年，定文官中京官四品、外官三品以上，武官二品以上，可

送一子入监。从1713年开始，宗室亦给荫入监。1646年，定满、汉三品以上官员，3年任满，勤于国事而死者，可荫一子入监。

清雍正以后，特别体恤军功死难者。凡八旗武职立功身故，无论功绩大小，是官员的，给七品监生1人，是护军校、骁骑校的，给八品监生1人，均于子弟内补充。

1739年规定，八旗武职立功病故，所给的监生，按立功等第定监生品级。一二等军功，给该员子弟监生1人，食七品官俸，三四等军功，给该员子弟监生1人，食八品官俸，五等军功，给该员子弟监生1人，照捐纳监生例，准其应乡会试。

优监，与优贡雷同，唯入监条件略有降低。1733年规定，在地方儒学为附生及武生的，可以选为优监生。

例监，与例贡雷同，但条件更放宽。凡未取得生员资格的读书士子，即俊秀，可以通过捐纳而取得监生资格，称例监。

贡监生入太学后，依次到六堂研习。六堂分为3级：正义、崇志、

广业堂为初级，修道、诚心堂为中级，率性堂为高级，根据学习成绩递升。

国子监的监生，又分为内、外两班。内班是住在监内的，有膏火之资。外班则散居监外各地，无膏火。外班补内班，要经过考试。内班贡监生的告假等事项，都要按严格的规定办理。

清初，内班共有监生150名，每堂25名，外班120名，每堂20名。清乾隆初年，改内班每堂为30名，这样内、外班共300名，既而又裁减外班120名，拨年班24名为外班生。

国子监授课和考试的办法是：每月初一、十五日师生向孔子行祭奠礼毕，听助教或学正、学录讲解经书，然后覆讲、上书、覆背，每月3回，周而复始。

所习内容为"四书"、"五经"等，还有兼学习"三经"和"二十一史"的。每人每日要摹名帖数百字，并立日课册，按期交助教等查验。

每月十五日，祭酒、司业轮换考课四书文1篇，诗1首，称大课。一般是司业月考，祭酒季考。另外，每月初一日，在博士厅课经文、经解和策论。每月初三及十八日，助教、学正和学录还要分别主持考课，试四书文、经文和诗策等。

监生坐监的期限，始初各种贡监生并不一样。恩贡、由廪生出身的副贡，时间最短，为6个月。其他有8个月、14个月、24个月的。例监最长，为36个月。1727年规定，各监生肄业，均以3年为期。修业期满后，可应吏部铨选，以教谕、训导等选用。

清代还给国子监学生制定了严格的学规。顺治初年颁布国子监学规18条，康熙年间又以"圣谕"的方式颁布《圣谕十六条》。雍正时期又将《圣谕十六条》修订为《圣谕广训》，用以约束学生，并规定每月初一、十五必须将国子监学生集中在一起，由教官宣读。

雍正时期的16条国子监学规基本内容是：

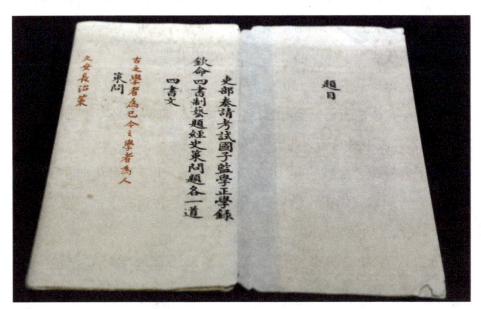

敦孝悌以重人伦；笃宗族以昭雍睦；和乡党以息争讼；重农桑以足衣食；尚节俭以惜财用；隆学校以端士习；黜异端以崇正学；讲法律以儆愚顽；明礼让以厚风俗；务正本以定民心；训子弟以禁非为；息诬告以全善良；戒逃匿以免株连；完钱粮以省催科；联保甲以弭盗贼；解仇忿以重生命。

这些内容在当时的条件下是以特定的封建礼教、法制纲常为内涵的。这个学规具有一般学规的共同特点，如道德人伦、勤劳节俭、和睦友爱、端正风气、遵纪守法等。

清代诸帝对国子监非常重视。清顺治帝是清入关后的第一位皇帝，他于1652年亲自视察国子监，以后历代相沿，称为"临雍讲学"。清康熙皇帝、雍正皇帝、弘历皇帝都很关注国子监的教育，乾隆皇帝于1785年亲临辟雍时，举行了隆重盛大的讲学典礼，其临雍之仪、讲学之礼又历代相沿，成为定制。

不仅如此，清代皇帝还为国子监开列教条教规，如康熙皇帝为官学作《御制学校论》，雍正皇帝修正《圣谕广训》等。

知识点滴

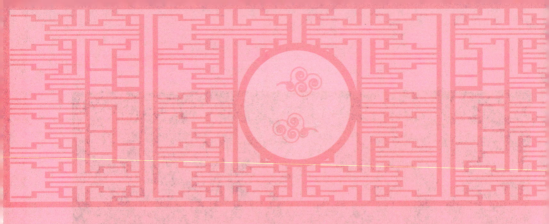

# 北京新式官学京师大学堂

1895年8月，康有为、梁启超等一批清代改革家在"戊戌变法"时期，在北京组织"强学会"，讨论学术，批评时政，宣传介绍西方资产阶级的社会政治学说和近代科学知识，鼓励人们学习西方，以学以致用的原则来培养人才，最终达到民族自强的目的。

"强学会"成员购置图书，收藏报刊，供群众阅览，并经常开会讲演。由于他们的宣传越来越深入人心，1896年6月，刑部左侍郎李端芬在给清政府的《请推广学校折》中，第一次正式提议设立"京师大学"。

随着变法维新运动日益发展，

康有为在《应诏统筹全局折》一文中再次提出：

> 自京师立大学，各省立高等中学，各府县立中小学及专门学。

在康有为、梁启超的推动下，1898年初，清光绪帝命大臣孙家鼐为京师大学堂第一任管学大臣。孙家鼐在《奏筹办京师大学堂大概情形折》中，陈列了筹办京师大学堂的主要内容：

一、为举人、进士出身之京官设立仕学院，以习西学专门为主。

二、大学堂应为毕业生代筹出路，其已授职者，由管学大臣出具考语，各就所长请旨优奖；其未仕者，亦由管学大臣严核其品学，请旨录用。

三、精简学科门类，如经学、理学可合并为一门，兵学宜另设武备学堂。

四、编译局主要应编译西学各书，旧有经书仍应以"列圣所钦定者为定本"，即使非钦定本，也不得增减一字，以示尊经之意。

五、总教习可设2人，分管中学和西学。西学教习薪水应从优。

六、应取消学生"膏火"，而改为奖赏，以激励学生努力向学。

经孙家鼐推荐，清光绪帝任命大臣许景澄为中学总教习，美国传教士丁韪良为西学总教习。

1898年6月，清光绪帝在《明定国是诏》中，要求各行省为办京师大学堂尽力。另外，他还责成梁启超起草了一份《京师大学堂章程》，这个章程是京师大学堂的第一个章程，也是我国近代高等教育的最早的学制纲要。

京师大学堂校址设在地安门内马神庙和嘉公主旧第，这里原有房340多间，又新建130多间，即后来的北大二院，又在北河沿购置房舍一所，开办译学馆，即后来的北大三院。

在经费方面，当时规定京师大学堂的办学经费为30万两，常年用费为20万两。户部指定从华俄道胜银行中国政府存款500万两的利息中支付，不敷之数，由户部补足。

京师大学堂刚刚起步，却在两年后的1900年外敌入侵北京时遭到破坏，校舍被占，图书设备被毁，大学堂难以维持，于8月3日被下令停办。

京师大学堂于1902年12月17日恢复，藏书楼也于同年重设，派吏部尚书张百熙为管学大臣，吴汝纶和辜鸿铭任正副总教习，严复和林纾分任大学堂译书局总办和副总办，各个方面开始步入正轨。

恢复后的京师大学堂先设速成、预备两科。速成科分仕学、师范两馆，学制3至4年，毕业后可任初级官吏或学堂教习。

当年9月13日正式举行速成科招生考试，10月26日又第二次招考，两次共录取182名，11月18日开学。

预备科分政科及艺科。政科包括经史、政治、法律、通商、理财；艺科包括声、光、化、农、工、医、算学。

预科学制三年，毕业后可升入大学专门分科，并给予举人出身资格。此时，北京的同文馆也并入京师大学堂。

同文馆是清政府于1862年在总理衙门设立的。同文馆是我国近代第一所新式高等官办学校，后来并入了京师大学堂，是京师大学堂最

早的组成部分。

经过一段时间的筹备，京师大学堂正式举行了招生考试。为做好招生工作，京师大学堂向全国各省督抚发出了通知，要求各地给予积极配合和支持。各地方官接到通知后，先在本地选拔，择优录取，然后再送到北京参加全国统一考试。

京师大学堂这次招生的首先是速成科。考生成绩评定采用百分制，以60分为及格。这种评分办法是我国高等学校以60分为及格标准计算学生考试成绩的开始，这次考试也是京师大学堂第一次举行的较正规的招生考试。本次共录取200名学生。

1903年，清政府命"洋务派"首领张之洞会同张百熙改定学制，对京师大学堂的章程也作了修改，出台了《奏定大学堂章程》。

新章程规定：对京师大学堂专门分科，将原来的7科35门改为8科46门，主要是增设了经学科，下分《周易》、《尚书》、《毛诗》、"春秋三传"、"三礼"、《论语》、《孟子》和理学11门课程，突出了经学的地位；大学院改名通儒院，年限规定为5年；大学堂设总监督，总管全学堂各分科事务，统率全学校人员，相当于后来的大学校长，受总理学务大臣之节制。

同年，京师大学堂增设进士馆、译学馆及医学实业馆。毕业生分别授给贡生、举人、进士头衔。同年改管学大臣为学务大臣，统辖全国学务。另设总监督，专管京师大学堂事宜，派张亨嘉为第一任总监督，京师大学堂遂成为单纯的高等学校。

1904年，京师大学堂选派首批47名学生出国留学。这是我国高校派遣留学生的开始。

1905年4月30日，京师大学堂举办了第一次运动会，校方特别强调开运动会的目的是培养青年"临事不辞难，事君不惜死"的精神。

在这次运动会上，校方还要运动员一再高呼"皇太后圣寿无疆，皇上圣寿无疆"等口号。

1906年4月，京师大学堂举办第二次运动会，100米、200米、300米、499米、600米、800米及越栏、障碍跑，还有跳高、跳运和投掷运动，以及二人三足竞走、一脚竞走、越脊竞走、顶囊竞走等。

1910年，京师大学堂开办分科大学，共开办经科、法政科、文科、格致科、农科、工科、商科7科。其中经科有《诗经》、《周礼》、《春秋左传》；法政科有政治、法律；文科有《中国文学》、《中国史学》；商科有银行保险；农科有农学；格致科有地质、化学；工科有土木、矿冶。这样，一个具有近代意义的综合性大学初具规模。

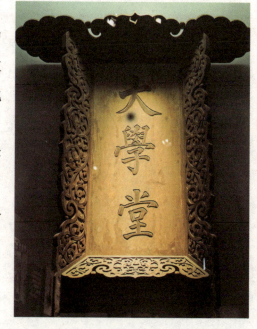

大学专门分科学制3年至4年，毕业后可升入大学院深造，并给予进士出身。

1912年，曾翻译《天演论》

的严复被任命为京师大学堂总监督，接管大学堂事务。5月更名为"北京大学"，严复成为北京大学的首任校长。

自从科举制度和国子监相继取消以后，京师大学堂即成为我国唯一最高学府和最高教育管理机构，也成为科举取士制度的替代品。它继承并替代了科举制度和国子监，是古代取士制度与高等教育向现代演进的承上启下者。因此，很多学者如胡适、季羡林、冯友兰、周培源、任继愈等都认为，京师大学堂是我国自汉代太学以来国家最高学府的唯一正统继承者，甚至它的历史可以因此上溯到2000多年前汉武帝设立太学之时。

京师大学堂的建立，是我国高等教育近代化的标志，其最大特色是在继承我国古代文明的基础上引进西方资本主义文明和近代科学文化。使我国的官办教育事业向前迈进了一大步，也使北京官学教育的历史地位得到了极大提升。

知识点滴

孙家鼐幼读诗书，在1859年参加殿试时，清咸丰帝命他以大清王朝的兴盛写一副对联。孙家鼐即兴书联曰："亿万年济济绳绳，顺天心，康民意，雍和其体，乾见其行，嘉气遍九州，道统继羲皇舜尧；二百载绵绵奕奕，治绩昭，熙功茂，正直在朝，隆平在野，庆云飞五色，光华照日月星辰。"

这副对联即歌颂了清朝的丰功伟业，又巧妙地把清历代皇帝的年号"顺治"、"康熙"、"雍正"、"乾隆"、"嘉庆"、"道光"等嵌入联中。清咸丰帝看后惊呼"绝妙！"举起朱笔点他为头名状元。

# 南京国子监

　　南京自古以来就是一座崇文重教的城市，教育繁盛，有"天下文枢"的美誉。南京官学记载较早的是宋代建成的学宫夫子庙学宫。后世历代都对这所学宫进行过维护性修建。至明南京国子监时期，南京国子监成为当时世界上最繁盛的高级学府。

　　明王朝建立后建立的南京国子监官学，以及清代北京国子监官学，成为这一时期南北呼应的最高学府，是科举时代士子们最重要的仕途门径。明清时期的南京国子监在我国官学发展历史上，书写了辉煌的篇章。

# 明代南京国子监与地方官学

那是在我国明王朝建立之初，明太祖朱元璋就确立了本朝的文教政策，即"治国以教化为先，教化以学校为本"。为此，明初采取了一系列重教兴学措施。

明太祖屡次下诏或遣使向全国访求贤才，招纳明经儒士，给予高官厚禄。此外，明太祖更为重视中央官学培养人才的作用，他强调：

大学，天下贤关，礼义所由出，人才所由兴。

明初建都南京后，在南京鸡

鸣山设立国子监，称为"南雍"。国子监设立的负责人祭酒与司业，以及下设的各类别的教官，均列入国家行政官吏之列。

明初设立的南京国子监不仅是全国最高学府，同时又是全国最高的教育管理机构。南京国子监规模宏大，据《南雍志》记载：

东至小教场，西至英灵妨，北至城坡土山，南至珍珠桥；左有龙舟山，右有鸡鸣山，北有玄武湖，南有珍珠河，延袤十里，灯火相辉。

南京国子监内设绳衍厅、博士厅、典籍厅、典薄厅、掌馔厅5厅，作为职能部门，分管国子监教学、行政和后勤各方面事物。国子监内有学官教官44人，学官教官被任以官轶，明确职责，各司其职。

明代南京国子监的学生生源主要有两大类：一类是官生，一类是民生。官生是出生于官家的子弟，由皇帝准许指派而免试入监。民生的来源，一类是贡监，另一类是举监，指从会试落第的举人中择优者入监肄业，无论是官生还是民生，享受着比较优厚的生活待遇。

当时官生和民生常走的街巷有一条著名的成贤街。成贤街是一条巷子，巷子不是很宽，但在明代可能算是宽阔的马路了。当时通往国子监的道路，由于是即将准入仕途的官生和民生使用，故这条路被称为"成贤街"。

南京国子监在建立之初和其后的发展中，逐渐建立起一整套学规学制和教育管理制度。

明太祖把纲常道德教育渗透于教学之中，同时还要以程朱理学为正宗思想，要求学生熟读"四书五经"。此外还要求学习法令等，以

《大明律》、《御制大诰》为学习内容。

明太祖重视学规要求，强调学官的师表作用，为此制定一系列法令、制度和惩处条例，对各级学校和学生施行严格的控制与管理。如分级授课，积分法和监生历事制度。

南京国子监还设立了一些专科性学校，这些学校实质上是专门施行某一方面教学的教育机构，用以培养有关方面的人才。

比如：宗学，是明代专为教育宗室子弟而设立的贵胄学校；武学，明代通过设立中央武术学校来进行专门的军事教育，培养军事人才。

南京国子监还设立了一些专业的教育机构，这些机构除施行朝廷专门的职责外，还从事一些教学活动，承担对从事这些专门职责的专业人才的培养教育工作。

比如：钦天监，是明代中央政府设立的专门机构，掌管有关事物并进行事业传学；太医院在明初时设，后改为太医监，不久改为太医院，学生从医家子弟中择而教之，其特点是在工作的同时从事学习。

明代南京国子监在明代官学的发展中占有重要的历史地位，尤其是在明代前期，对明王朝高等人才的培养起着至关重要的作用。

明代南京地区的地方官学空前发展，地方教育网络业已形成，明代南京地区的地方官学主要是应天府学及应天府所辖8县之县学。

南京国子监设立有专门的"监规"，有权对地方府、州、县各级学校颁发学规禁例。当时南京地区的各类学校，按照朝廷的要求，设置统一的课目，学校的教材使用统编的教科书，统一规范各地的教学。

明代的南京地区还设置了一些专门的学业教育机构，这些机构所进行的学业教育亦成为官学教育的补充部分，有阴阳学和医学。

在社学方面，明太祖认为：

> 昔成周之世。家有塾，党有痒，故民无不知学，是以教化行而风俗美。今京师及郡县皆有学，而乡社之民未睹教化，宜令有司更置社学，延师儒以教民间子弟，庶可导民善俗也。

因此，明太祖下诏置社学，南京地区的社学亦由此而大兴，并有了进一步的发展。

南京国子监在国际上影响很大，当时邻邦高丽、日本、琉球、暹罗等国"向慕文教"，不断派留学生到南京国子监学习。

由于南京国子监及其他中央官学中，接纳和安置了许多国外前来学习的留学生，留学生教育方面得到很大的发展。再加上当时地方官学的蓬勃发展，在这个时候，就需要有官学的管理与制度。

当时的学政是朝廷派驻各直省督察各府、州、县儒学的最高长官，代表朝廷主持地方的岁科考试，并检查地方官学情况，考核教官。各级地方官学教官是官学教育的实施者，生员资格是通过考试而取得和维持。另一方面，生员也要接受严格的科举考试训练。

地方学校的学习内容有"四书五经"、《性理大全》、《资治通鉴纲目》、《大学衍义》、《历代名臣奏议》、《文章正宗》等书，学政责成教官讲解，学生诵习。按月月课，四季季考，是地方官学的日常考试。

明代对地方官学生员的管理，除了以科举为导向的考课考试外，还体现在朝廷制定的生员学规和禁令上。

明代开设的南京国子监及开办的地方教育，是明代南京教育管理体制的一个新特点，为我国传统教育的发展和创新做出了重大贡献。

知识点滴

明代南京国子监祭酒当中，有一个叫章公懋的人。他的一个监生因为得不到朝廷颁发的饷银，就请假说去求人帮忙。章公懋听后，脸上不禁显露替学生的担忧之色，就让学生快去，并且希望他得到饷银后告诉自己。

其实，这个监生原本只想找个借口逃学，但是看到章公懋的担忧之色，就后悔欺骗了祭酒大人，他心想：先生用诚心待我，怎么能骗他呢？第二天，这个监生鼓足勇气回复章公懋，并言明了事实的原委，请求章公懋原谅。这件事反映出章公懋对学生的真心。

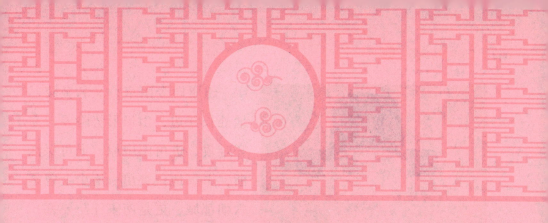

# 南京江南贡院的创建与发展

那是在南宋时期的1161年末，宋高宗从临安出发巡视建康即今南京，命枢密院编修官史正志扈从随行。宋高宗率一班大臣到达建康府后，驻跸月余。

史正志随驾巡视，悉心观察建康山川形势后，深感建康的战略地位重要，向宋高宗进言如何防守事宜，宋高宗及群臣都非常认同他的见解。

不久，宋高宗禅位给宋孝宗。宋孝宗久闻史正志之名，授史正志承奉郎，并随时召之内殿听对，甚为倚重。1167年，宋孝宗史正志知建康府。

建康即今南京，又名金陵，地处长江边，山川形势险要，易守难攻，进可图中原，退可保江浙，军事地位突出。历史上曾是六朝都城，更是南宋江防要塞，朝廷在此建行宫，称作留都，故而建康守官一般由朝廷重臣担任。由于史正志熟谙军事，通晓韬略，智勇兼备，故而朝廷派他镇守这一要地。

史正志在建康任军政要职3年，做了几件值得称道的事，其中1168年以侍郎蔡宽夫建康旧宅创建的建康贡院，是供科举考试的场所，后来发展成著名的江南贡院，其地点在今秦淮河畔夫子庙附近。据南宋名相马祖光修地方志《景定建康志》卷32记载：

建康府贡院，在青溪之南，秦淮之北，即蔡侍郎宽夫旧址也。乾道四年，留守史公正志建。

建康贡院建成后，对南宋士子通过科举考试进入仕途提供了一个很好的场所。南宋时期杰出的民族英雄和爱国诗人文天祥，就是建康贡院考场选出的杰出人才。

文天祥是宋理宗时的进士，当都城临安危急之时，他在家乡招集义军，坚决抵抗元兵的入侵。后不幸被俘，在拘囚中，大义凛然，终以不屈被害。

文天祥著有诗词名篇《正气歌》和《过零丁洋》，反映了他坚贞的民族气节和顽强的战斗精神。风格慷慨激昂，苍凉悲壮，具有强烈的感染力。

南宋时期的建康贡院历经数百年风雨，到明清时期，已经成了南京夫子庙地区三大古建筑群之一，仍然是国家重要的考试场所。清初南京为江南省首府，故建康贡院改为"江南贡院"之名。

1368年，朱元璋击破各路农民起义军后，在应天府称帝，国号大明，年号洪武。朱元璋定都南京后，乡试、会试都集中在南京举行，其他县学、府学必须另建考棚。

明成祖朱棣1421年迁都北京，将南京仍作为陪都。因江南地区人文荟萃，参考士子日益增多，原有考场便越来越显得狭小。这时，明成祖便继续派人建造江南贡院。

复建后的江南贡院，仍保留有"明远楼"、"贡院碑刻"等重要文物古迹。

明远楼原为江南贡院的中心，也是贡院最高的一座建筑。明远楼大门上悬有横额"明远楼"3个金字，外墙嵌《金陵贡院遗迹碑》，记述了贡院的兴衰历史。登临四望，秦淮风月，历历在目。

"明远"二字取自儒家经典《大学》中"慎终追远，明德归厚"之意。明远楼左右两侧的对联是"明经取士，为国求贤"。楼内有清康熙年间著名词人李渔所题对联，"矩令若霜严，看多士俯伏低徊，群嚣尽息；襟期同月朗，喜此地江山人物，一览无余"。从联中也可看出明远楼设置的目的和作用。

明远楼两侧是碑廊，陈列着明清时期的贡院碑刻22通，其中有康熙御题碑、两江总督铁宝碑、重修扩建贡院碑等，是研究明清贡院建制沿革和科举情况的实物资料。

　　这些贡院碑刻时间横跨明天顺元年的1457年至1922年，详细地记载了这段时间江南贡院的历史兴衰，以及皇帝、大臣、名士等对江南贡院的赞誉、评价和题咏。

　　《应天府新建贡院记》、《增修应天府乡试院记》、《江宁重修贡院记》、《重修江南贡院碑记》、《金陵贡院遗迹碑记》等，记载了江南贡院的迁址、新建、整修、扩建至拆毁的全过程。

　　《壬午科两大主考公正廉明碑记》、《江南贡院主考题名记》、《筹措朝考盘费碑》、《万寿科题名记》、《颂德碑》等，主要记载了江南贡院部分主考、中举考生姓名及清代江南贡院主考、监临官员的清正廉明事迹。

　　《御制宸翰》、《铁保手书》、《乙卯贡院诗》、《祖洛诗刻》等，则着重反映了从康熙皇帝到大臣名士对科举制度及亲历江南乡试的感慨与抒怀。

　　《金陵贡院遗迹碑记》则记载着江南贡院在科举制废除后，如何由"数百年文战之场，一旦尽归商战"的全过程。

这些碑刻是江南贡院数百年历史的见证，它们忠实地记录下江南贡院曾发生过的一切重大事件。这样无间断记载着几百年科举考场史实的碑刻，在全国也仅此一处，虽然它记载的只是江南贡院历史，但是通过它可以反映出我国古代整个科举考试的概貌。

江南贡院经过明清两代的不断扩建，已形成一座拥有考试号舍20644间，另有主考、监临、监试、巡察以及同考、提调执事等官员的官房千余间，再加上膳食、仓库、杂役、禁卫等用房，更有水池、花园、桥梁、通道、岗楼的用地，占地近30万平方米。其规模之大，房舍之多，为明清时期全国考场之冠。

知识点滴

明代不仅有南京国子监、北京国子监，还曾在1375年于凤阳另置中都国子学，与当时的南京国子学并立，但是中都国子学选收的学生，均为南京国子学优选后的中式生员。

1393年，罢中都国子监，将其师生并入南京国子监。至明成祖迁都，改北平为北京，并设北京国子监，原置于南京的京师国子监为南京国子监，于是又开始有了南监、北监之分。终明之世，南北两监一直并立为全国最高学府。

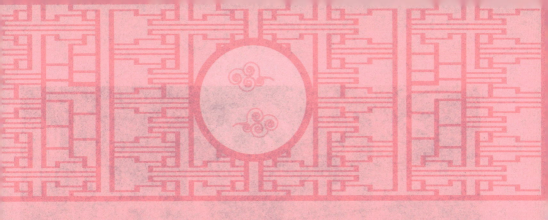

# 明清时期江南贡院的科举

　　明清时期，在南京江南贡院举行的乡试称为"南闱"，在北京顺天府举行的乡试称为"北闱"。

　　明清时期的江南贡院作为有当时全国最大的考场，这里在明清两

代出了很多名人。如施耐庵、唐伯虎、郑板桥、吴敬梓、翁同龢等历史名人，他们均为江南贡院的考生或考官。我国最后一个状元刘春霖也出于此。

施耐庵是江苏兴化人，元末明初著名小说家，长篇古典小说《水浒传》的作者。

施耐庵自幼读书用功，记性又好，他读过的经书和史书，很多都能整篇背诵。遇到教师提问，他能对答如流。长大后不仅乐于帮助乡里人，对待父母也很孝敬。父亲生了病，他和妻子守在床边，送水喂药，彻夜不眠。

这样，到了参加科举考试的时候，地方官推荐了施耐庵参加江南贡院的乡试。后来在1332年，施耐庵考试中了进士，被派到钱塘做了个地方官。他为官3年，因不满官场黑暗，不愿逢迎权贵，弃官回乡，撰写《江湖豪客传》一书，即《水浒传》。

施耐庵写完《水浒传》后没过几年就病逝了。《水浒传》至今还代代流传。

唐伯虎是明代南直隶苏州吴县人。他自幼聪明伶俐，熟读"四书"、"五经"，并博览史籍，16岁秀才考试得第一名，轰动了整个苏州城，号称"江南第一风流才子"。

唐伯虎29岁时，到南京江南贡院参加乡试，又中第一名解元。正当他踌躇满志，第二年赴京会试时，因牵涉科场舞弊案而交厄运，绝意仕途。

唐伯虎是明代"吴门画派"四大画家之一。他的画作题材广泛，挥笔自然，风格别具，雅俗共赏，深受各个阶层志士仁人乃至庶民百姓的赏析与青睐。

唐伯虎的诗风情真意挚，自然流畅，信手拈来，不拘成法，大量采用口语，意境清新，对人生、社会常常怀着傲岸不平之气。

除诗文外，唐伯虎也尝作曲，多采用民歌形式，由于多方面深厚

的文学艺术修养，经历坎坷，见闻广博，对人生、社会的理解较深，所以作品雅俗共赏，声名远扬。

郑板桥是江苏兴化人。1732年秋，14岁的郑板桥赴南京江南贡院参加乡试，中举人，作《得南捷音》诗。1736年中进士。官山东范县、潍县知县，有政声。

郑板桥做官前后，均居扬州，是"扬州八怪"之一。其诗、书、画均旷世独立，世称"三绝"，擅画兰、竹、石、松、菊等植物，其中画竹已50余年，成就最为突出。

吴敬梓是安徽全椒人。他原本是书香门第，有田有房，衣食不愁。可他总爱用钱去帮助穷人。他考中秀才后，几次到南京江南贡院来考举人，都住在秦淮河畔，故称他为"秦淮寓客"。后来他渐渐萌生了到南京来定居的想法，于是举家迁居南京，在秦淮一直住到去世。

吴敬梓一生创作了大量的诗歌、散文和史学研究著作，有《文木山房诗文集》12卷，今存四卷。不过，确立他在中国文学史上的杰出地位的，是他创作的长篇讽刺小说《儒林外史》。

翁同龢是江苏常熟人。他自幼禀性好学，通读"四书"、"五经"，并且以优异的成绩考入常熟县学游文书院。

1845年应试江南贡院，考中秀才，1852年应顺天乡试中举人，1856年殿试一甲一名，考中状元。曾做清光绪帝的老师，"得遇事进言"，光绪皇帝"每事必问同龢，眷倚尤重"。

翁同龢是我国近代史上著名政治家、书法艺术家。他文宗桐城，诗近江西。工诗，间作画，尤以书法名世。当时的书法家对他的书法造诣之高十分敬佩。

刘春霖是直隶肃宁人。他天资聪颖，学习刻苦，深受老师喜爱。后来，父亲把他带至保定，入莲池书院读书，连续攻读10余年，学业长进很快，颇得院长吴汝纶赏识。

1902年，刘春霖在江南贡院考取举人。1904年夏天他参加殿试，一举获得一甲头名，得中状元。

就在刘春霖金榜题名后的第二年，清政府宣布"停止科举，推广学校"。科举制度的废除，使刘春霖成为我国历史上最后一名状元。他因此戏称自己是"第一人中最后一人"。

中状元后，刘春霖被授翰林院修撰。次年，便和同科进士沈钧儒、谭延闿、王揖堂等人一起奉派到日本政法大学留学。归国后，历任资政院议员、记名福建提学使、直隶高等学堂提调和保定北洋女子师范学校监督等职。

明清时期南京江南贡院的名人除了上述这些外，还有晚清时期的曾国藩、左宗棠、李鸿章、陈独秀等历史文化名人，他们或做过当年的考官，或在此赶过考。

　　清末废科举兴学校，南京江南贡院也随之失去作用，停止开科取士。1919年开始拆除贡院，除留下贡院内的明远楼、衡鉴堂和一部分号舍作为历史文物外，余下部分全部拆除，辟为市场。

**知识点滴**

　　在南京江南贡院科举考试中成名的人当中，张謇也是一个颇有建树的人。他1868年以来，进出科场20多次，终于在1894年41岁时得中一甲第一名状元，授以六品的翰林院修撰官职。

　　张謇是著名的实业家和教育家，主张"实业救国"。他一生创办了20多个企业，370多所学校，为我国近代民族工业的兴起，为教育事业的发展做出了宝贵贡献，被称为"状元实业家"。毛泽东同志在谈到我国民族工业时曾说："轻工业不能忘记张謇。"

# 历代学宫

学宫原本是西周时期天子教授国子和贵族子弟的场所，其教育功能和建筑形制在后世得到了继承和发展，涌现出了战国时期的稷下学宫、东汉时期的鸿都门学、唐代龙川学宫、北宋高要学宫、明代汝州官学等，成为各个朝代地方官学的重要形式之一。

各地学宫的建筑格局是明伦堂居中，前部左右设东厢和西厢房，堂后为尊经阁或藏书楼，堂前设儒学门和仪门。此外还有斋舍、儒学署、教授厅、敬一亭、观德亭等建筑，体现了教育功能与建筑形制的统一。

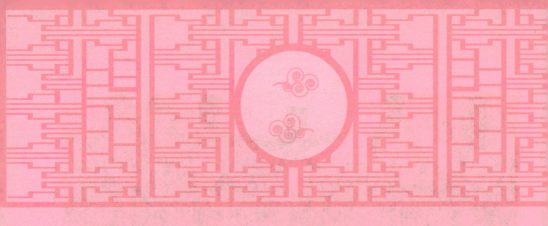

# 西周时期的学宫起源与发展

据传说，舜帝年纪很大的时候，尧帝的异母弟契去世了。契是舜帝被任命的主要掌管教育的官员，他在世的时候，自始至终没摆半点皇亲、长者、老臣的架子，大家都很尊重他。

契的去世，让舜帝非常心痛。他下令辍朝7日，举朝深切悼念，然后又为契举行了隆重的葬礼。

老臣们一个一个地去世，这让已经不再年轻的舜帝无比感伤。岁月流逝，人生易老。于是，他决定开设"庠"这样的学校，不仅可以使老臣们老有所养，而且也算不辜负契生前教化

人心的愿望。

西周时期的"庠"具有两个功能：一是将年岁大的老臣供养在这里并建立养老制度；二是教化人们尊老爱老。

"庠"可以说是我国历史上最早的学宫，它作为养老教化之所，一方面反映了原始氏族公社尊老敬长的优良传统，以及与教化相关的礼仪和内容；另一方面，它在古代教育的发展过程中，首开太学教育之先河，实属功不可没。

西周学宫的主要特征是"学在官府"，也就是学在庠。在这一体制下，形成了从中央到地方的较为完善的学校教育体制，以及以礼、乐、射、御、书、数等"六艺"为主体的教育内容。

"六艺"是指礼、乐、射、御、书、数6种技能或能力。"六艺"之中，又有"大艺"、"小艺"之分，礼、乐、射、御作为大艺，是大学的课程，书、数作为小艺，主要是小学的课程。西周"六艺"教育传统对后世封建社会的教育也产生了深刻的影响。

公元前478年，孔子的弟子将孔子的曲阜"故所居堂"立庙祭祀，当时有庙屋3间，内藏孔子的衣、冠、琴、车、书等遗物，岁时奉祀。这就是山东曲阜孔庙。自此，历代帝王不断给孔子加封谥号，孔庙的规模也越来越大，成为全国最大的孔庙。

在孔庙未修之前，在学宫里就有祭祀尧舜禹等先师先圣的礼仪。孔子去世后，人们在孔庙里学习礼乐文化。此时，学在庙中，庙中有学，"庙学合一"初显端倪。

孔庙建成以后，西周时期"学宫"意思的使用发生了很大转变。由于孔庙往往就是地方上供子弟读书的场所，因此，孔庙又称为学宫。尤其是在明清之际，府、州、县的地方官办学校与地方孔庙的教化功能相结合，共同组成了一个特殊的建筑群类型，即庙学建筑。

学宫与孔庙形成的庙学建筑群平面布局，主要有左庙右学、左学右庙、前庙后学和中庙旁学这4种。

左庙右学是明清地方庙学定型以后的正规布局，其源于周礼中尚

左之制，根据"左祖"原则，先圣先师之庙应建在学宫之左。

此种布局较早出现在唐代，当时都城长安的孔庙与国子监的布局为左庙右学。元代以后各朝代的都城孔庙都位于国子监左侧。明代中期以后，全国各地绝大多数庙学都是这种左庙右学的布局。

左学右庙这种布局出现于南宋时期，可能是受曲阜孔庙、孔林中尚右的影响。孔子从周制尚右，其后代在墓葬和立庙时都遵循这一原则。南宋时的都城孔庙与国子监的布局也是左学右庙，这种布局对南方的庙学布局有一定影响。

前庙后学布局是宋元时期孔庙与学宫分离时期的一种布局方式，后来这种布局的庙学有许多改为左庙右学，而有些地方仍沿袭下来，特别是西北和西南地区，例如陕西省和山西省的庙学绝大多数是这种布局。

中庙旁学是指孔庙居中，其东西两侧均建学宫的平面布局。这种布局方式非常少见，它是前庙后学向左庙右学过渡时期的产物，例如

山西平遥县庙学的孔庙居中，左右为东学和西学。

我国古代各地学宫建筑的基本制度为明伦堂居中，前部左右设东厢和西厢房，堂后为尊经阁或藏书楼，堂前设儒学门和仪门两道，此外还有一些其他建筑设施。这种建筑格局，不仅体现了学宫的教育功能，也在我国建筑史和教育史上产生了深远的影响。

**知识点滴**

北京孔庙的大成殿前西侧有一株古柏，名为"除奸柏"。说起这株古柏的名字，还有一个来历呢。

相传在明嘉靖年间，有一年奸相严嵩代替皇帝来孔庙祭孔。严嵩本来就心怀篡位之心，这次率百官来到孔庙，就感觉自己真是皇帝似的，得意忘形地在前面大摇大摆地走着。没想到一没留神，就被旁边古柏的树枝掀掉了他的乌纱帽。代替皇帝祭孔，掉了乌纱帽，这可是对皇帝的大不敬，也是对孔圣人的不恭。吓得严嵩一句话也不敢说，拣起帽子慌忙戴上。

此事传出后，人们认为古柏有知，痛恨奸臣，所以就叫它"除奸柏"。

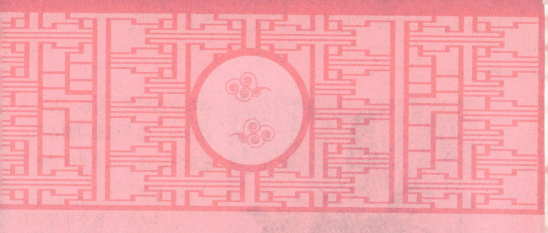

# 春秋名扬天下的稷下学宫

公元前1051年，周武王将为周王朝立下汗马功劳的姜尚封于齐，都营丘。

领封之后，姜尚带领文武百官，携家人侍从，车乘辎重，浩浩荡荡，东行就国。在齐地，姜尚励精图治，奉行尊贤尚功的国策，并积极发展生产，齐国很快成为强国。

到了春秋时期，齐国一度称霸。公元前386年，姜氏失去政权。经过几代努力而获得齐国上下广泛支持的田氏，取代姜氏，田和

成为齐国国君。对此，日渐衰微的周王朝也代表周朝各国表示承认。这一历史事件被称为"田氏代齐"。

战国时期，各个诸侯国都处于大变革之中。田齐的第三代国君齐桓公田午，当时面临着新生政权有待巩固、人才匮乏的现实。于是，他继承齐国尊贤纳士的优良传统，在国都临淄的稷门附近建起了一座巍峨的学宫，设大夫之号，广泛招揽天下有志之士，称为稷下学宫。

稷下学宫实行"不任职而论国事"、"不治而议论"、"无官守，无言责"的方针，学术氛围浓厚，思想自由，各个学派并存。人们称稷下学宫的学者为稷下先生，随其门徒，被誉为稷下学士。

齐威王当政时期，他在邹忌等人的辅佐下，采取革新政治、整顿吏治、发展生产、繁荣经济、选贤任能、广开言路，扩建稷下学宫等一系列政治、经济和思想文化措施，终于使齐再次强于诸侯，稷下学宫也进入了一个蓬勃发展的新阶段。

对于这段历史，东汉著名学者应劭在《风俗通义·穷通》中记载说：

> 齐威、宣王之时，聚天下贤士于稷下，尊崇之，若邹衍、田骈、淳于髡之属甚众，号曰列大夫，皆世所称，咸作书刺世。

由此可见，稷下学宫在齐威王时就已经有了很大的发展。齐威王采取了更加开明的政策，"趋士""好士"，稷下学宫的规模和成就达到顶峰。

公元前319年，齐宣王即位。他在位期间，借助强大的经济军事实力，一心想称霸中原，完成统一全天下的大业。为此，他革新政治，选贤任能，广开言路，还像其前辈那样进一步扩建了稷下学宫。

首先，齐宣王给予了稷下先生们极高的政治地位和礼遇。当时的著名学者邹衍、淳于髡、田骈、慎到、环渊等76人，皆被授为上大夫。这些人参与齐国国事，可以用任何形式匡正国君及官吏的过失。

齐宣王还为他们修起康庄大道，建立高门大屋，给予很高的俸禄和优厚的物质待遇。如号称"稷下之冠"的淳于髡有功于齐，被贵列上卿，赐之千金，革车百乘。田骈"訾养千钟，徒百人"。

为了广开言路，齐宣王勉励稷下先生们著书立说，展开学术争鸣。史料记载，齐宣王经常向稷下先生们征询对国家

大事的意见，并让他们参与外交活动，及典章制度的制定。据考证，《王度记》就是淳于髡等人为齐宣王所拟定的齐国统一天下后的具体制度和措施。

由于齐宣王的大力支持，稷下学者们参政议政的意识空前强烈，学术研究的自主性、创造性和积极性异常高涨，出现了"致千里之奇士，总百家之伟说"的盛况。

稷下学宫在其兴盛时期，曾容纳了当时"诸子百家"中的几乎各个学派。其中主要的如儒、道、名、法、墨、阴阳、小说、纵横、兵家、农家等学派的学者们聚集在稷下学宫，围绕着天人之际、古今之变、礼法、王霸、义利等话题，展开辩论，相互吸收，共同发展，稷下学宫达到鼎盛，世称"百家争鸣"。

齐宣王时期的稷下学宫，其规模之大，人数之众，学派之多，争鸣之盛，都达到了稷下学宫发展史上的巅峰。这既是齐国政治稳定、

经济繁荣的产物，也是当权者重贤用士，思想开放所产生的必然结果。

公元前221年，齐国为秦所灭，稷下学宫随之消亡，但是秦朝设有七十员博士官的制度，据说是沿用了齐国稷下学宫的传统，而且，秦代的著名博士叔孙通，就号称"稷下生"。

稷下学宫是齐国君主咨询问政及稷下学者议论国事的场所，其根本目的就是为了利用天下贤士的谋略智慧，为其完成富国强兵、争雄天下的政治目标服务。稷下学者进言，齐王纳言，是稷下学宫作为政治咨询中心的一大特色，显示了稷下学宫的政治功能。

被稷下吸引来的稷下学者都有着积极参与现实的功业思想，他们高议阔论、竞相献策，期望自己的政治主张被齐国执政者所接受、采纳。

例如，淳于髡曾用隐语谏威王，使之戒"长夜之饮"，从消极悲

观中振作起来，亲理国政，奋发图强；他又以"微言"说齐相邹忌，敦促其变法革新。齐宣王与孟子曾多次讨论政事，探求统一天下的途径。王斗曾直面批评宣王"好马"、"好狗"、"好酒"，独不"好士"，直到宣王认错、改错为止，"举士五人任官，齐国大治"。

在教育方面，稷下学宫具有培养人才和传播文化知识的性质，被后人称为"田氏封建政权兴办的大学堂"，"齐国的最高学府"，在教育史上的影响也是巨大的。

稷下学宫的教育功能，一是有众多的师生在开展较正规的教学活动。《战国策》载田骈有"徒百人"，稷下最为前辈的学者淳于髡也有"诸弟子三千人"之称。如此师生济济一堂，定期举行教学活动。

二是稷下学宫有较严格的规章制度，有学者认为《管子·弟子职》篇当是稷下学宫的学生守则，里面从饮食起居到衣着服饰，从课堂纪律到课后复习，从尊敬老师到品德修养，都规定得详细严格。从此，可见当年稷下学宫的规章制度也是健全、严格的。

三是稷下学宫有独特的教育特点，游学是其主要的教学方式之一。学生可以自由来稷下寻师求学，老师可以在稷下招生讲学，即容许有学与教两个方面的充分自由。

这些游学方式的施行，就使学士们开阔了眼界，打破了私学界限，思想兼容并包，促进了各种学说的发展和新学说的创立，大大促进了人才的培养和成长。稷下学宫便成为教育人才的中心。

在学术方面，稷下学宫的学者总是针对当时的热点问题阐述政见，他们学识渊博，长于分析问题，在表述上旁征博引，穷尽事理，具有一定的理论性和学术性。

同时，由于稷下学者学派不同，看问题的角度不同，解决问题的

方案有异，而会竞长论短，争论不已。在论争中，不仅充分展示了各自的理论优势，而且使学者们也认识到各自的理论弱点，促使他们不断吸收新思想，修正、完善、发展自己的学说，最终促进了稷下学宫在学术上百家争鸣的局面的形成，使稷下成为当时发展学术、繁荣学术的中心。

稷下法家学派把管仲的礼法并举的法治思想加以继承、阐发，形成了比较完整的法治思想。稷下法家提倡法律面前人人平等，执法公正，主张德刑相辅，法教统一，反对严刑峻法。

稷下黄老学派的基本体系是由稷下先生慎到、田骈、环渊等创造的，主要著作是《黄老帛书》和《管子》一书中的《白心》、《内业》、《心术》上下4篇以及《慎子》、《田子》、《蜎子》等。学术特征为道法结合、兼采百家。

儒家学派的代表人物是孟子和荀子。孟子曾两度游齐国，一次在齐威王时，留齐国至少3年之久。齐宣王时再度游齐国，为客卿，受上大夫之禄，留齐国10余年。荀子也曾到齐国游学，长期在齐国居住，至齐政权第七任国君齐襄王田法章时3次为祭酒，一直是学界领袖。

纵横家学派代表人物是淳于髡，在政治思想方面，他主张礼、法兼用而倾向法治。他以博学善辩著称，被齐威王立为"上卿"，赐"上大夫"之职，为齐国振兴和稷下学宫兴盛，做出了杰出贡献。

名家学派的主要代表人物有尹文、儿说等。他们要求人们按事物的本来面目认识事物，"名"一定要符"实"，反对名实不符。儿说善于辩说，以"白马非马"之论折服了稷下学宫中众多的著名辩士。

稷下兵家学派对军事理论有深刻的研究，《司马法》、《子晚子》就是在齐威王的组织领导下，由稷下兵家学派的学者编著而成的。此外，稷下学宫还有道家、农家、小说家等学派。

稷下学宫的创建与发展，在我国文化发展史上树起了一座丰碑，开创了百家争鸣的一代新风，促成了我国历史上第一次思想大解放、学术文化大繁荣的黄金时代的到来。同时，稷下学开启秦汉文化发展之源，对秦汉以后文化的发展与繁荣产生了深远影响。

春秋战国时期，群雄并起，称霸争雄，社会处于激烈动荡与变革之中。怎样实现由乱到治、由分裂到统一？是实行王道还是霸道？稷下学者展开了大争论。

儒家大师孟子明确主张重王道轻霸道。"霸道"，是仗恃国家实力的强大，假借仁义的名义，来称霸诸侯，征服天下。"王道"，是依靠道德礼教而实行仁义，经仁义教化征服天下。孟子的学说，不仅在稷下学者中产生了重要影响，也成为了我国封建社会历代王朝所推崇的儒家思想。

知识点滴

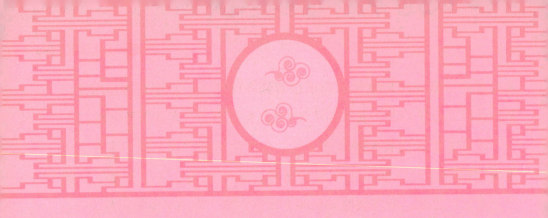

# 汉代独特的官学鸿都门学

那是在我国的西汉初年，梁孝王刘武由于好辞赋，门下招集了许多辞赋人才，从事创作，其中的司马相如、枚乘、吾丘寿王、淮南小山、邹阳，都是当时有名的人物。

梁孝王虚怀若谷，常和大家讨论辞赋，这对汉赋的兴盛直接地起了推动的作用，也为后来鸿都门学的创立培养了人才。

公元前156年，16岁的汉武帝登基。为巩固皇权，在文化上采用了董仲舒"罢黜百家，独尊儒术"的建议，兴办太学。他还把一批有水平的文学艺术家招进朝廷供事。这些文人学士在政治上积极支持汉武帝的政策，在文学上又表现出非凡的学识与才能，因而受到重用和赏识。其中就有司马相如，他曾以《子虚赋》、《上林赋》等作品得到汉武帝的赞赏。

到了东汉时期，汉灵帝刘宏爱好文学，书法。他引召太学生中能为文、赋者待制京城洛阳鸿都门下，以后又将许多善尺牍和工书鸟篆者都加以引召，当时已有数十人。178年2月，东汉灵帝下令创建了一所学院，以选拔人才。因校址设在洛阳鸿都门而得名。

文学和艺术的发展，是鸿都门学这所文艺专科学院创立的又一重要条件。

汉代的散文和辞赋一直被公认是我国古代文学史上光彩夺目的篇章。书法至汉代也有长足进步，它开始被人们视为一门艺术。汉代的绘画也很发达，以人物画力主，朝廷也借绘画来表彰忠臣义士。总之，文艺的发展，为文艺专门教育的产生，提供了条件。

我国古代取士除以儒经为主要依据之外，还有以诗文取士的，表现了重视人的才华的倾向。汉灵帝重用文学之士，正是后世文学取士的导源，这些都是他对我国古代教育发展所起的积极作用。

鸿都门学的学生是由州、郡、三公荐举，能为尺牍、辞赋及工书鸟篆者，经过考试合格方得入学，据《后汉书·灵帝纪》说曾招"至千人焉"，可见规模之大。

鸿都门学以尺牍、小说、辞赋、字画为主要学习内容。尺牍，是古代书信的名称，由于当时的书信都刻之简牍，规格为以尺一寸，所以称尺牍、尺翰、尺简、尺牒等，原来是一种实用文体，使用广泛。尺牍有一定书写格式，包括章、奏、表、驳、书等类，至汉代，尺牍中已有不少精彩散文，所以，学习尺牍，既有实用性，又有文学性。

鸿都门学所学的小说，是诸如神话传说、街谈巷语、志怪志人之作等。总之，鸿都门学以学习文学、艺术知识为主，不同于以儒学力主的其他官学。

鸿都门学的学生，大多是无身份地主及其子弟，都是士族看不起的"斗筲之人"，他们以文艺见长而受灵帝的宠信，这些学生学成之后大多都被授予了高官，有些出为刺史、太守，入为尚书、侍中，还有的封侯赐爵。

鸿都门学一时非常兴盛，但延续时间不长，它随着汉王朝的衰亡

而结束。鸿都门学虽然设立时间不长，却出了一些著名的书法家，他们主要擅长鸟篆和八分书，代表人物有师宜官、梁鹄、毛弘等。

鸿都门学不仅是我国最早的专科大学，而且也是普天之下创立的最早的文艺专科大学。鸿都门学开设的辞赋、小说、尺牍、字画等课程，打破了专习儒家经典的惯例，改变以儒家经学为唯一教育内容的旧观念，提倡对文学艺术的研究，是对教育的一大贡献。

鸿都门学招收平民子弟入学，突破贵族、地主阶级对学校的垄断，使平民得到施展才能的机会，也是有进步意义的。

鸿都门学的出现，扶植了文学艺术的发展，为后来特别是唐代的科举和设立各种专科学校开辟了道路。

汉灵帝为了筹建鸿都门学，可以说是煞费苦心。他曾多次下诏，征召民间名儒和各方面有专长的大家，前来来担任鸿都门学博士，为鸿都门学士子讲学。

在当时，很多所谓的名儒对鸿都门学的建立有一种强烈抵触情绪的，特别是鸿都门学所招收的学生和教学内容都与太学相反；而民间名儒也大多拒绝灵帝的征召，或以各种理由为征召开脱。汉灵帝因此大怒，下诏凡拒绝征召者，朝廷以后将永不录用。可见汉灵帝用心之良苦。

**知识点滴**

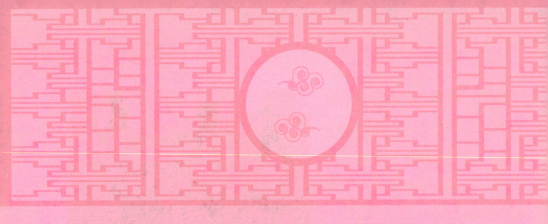

# 唐代创建的岭南龙川学宫

公元前203年，赵佗创立了南越国，自号"南越王"。公元前196年，汉高祖下诏封归顺汉王朝的南越国国王赵佗为"南越王"。从此

以后，赵佗重视传入中原汉文化和先进生产技术，并融合越地社会，使岭南生产发展，人民安居乐业。也就是从赵佗开始，岭南有了文明的标志。

岭南文化具有丰富的内涵，获得了相应的缤纷表现。岭南学术思想，吸取由中原相继传入的儒、法、道、佛各家思想并进行创新，孕育出不同风格的思想流派。

赵佗催发岭南文明发祥萌芽

后，作为岭南地区最早设置的县份之一，龙川很早就开始重视人文、教育的传承与延续。

到了唐代，龙川就创建了学宫。宋代多有本地及客寓龙川的饱学之士建立书院。明清时更是普设社学、义学。

学宫是各地祭祀孔子并由唐时起同时为国家培养人才的地方，成为地方官学的泛称，担负传承文化、施行礼乐的教化职能。由于龙川是客家古邑，通行客家话，龙川学宫自然就成为历朝客家人祭孔的地方。

1000多年的风雨沧桑，龙川学宫多有变迁。龙川学宫始建于唐，南宋时一些循州官员都对学宫修葺过。1281年，龙川学宫遭到兵燹。至明代前期，当地官员重建学宫，规制悉备。

到了清代顺治年间，龙川学宫又被攻城的贼寇毁坏。原学宫还有照壁、泮池、戟门、东庑、西庑，后世留存的大成殿、明伦堂、尊经阁都是清政府在1668年重建的。

重建后的龙川学宫，由照壁、长廊、棂星门、泮池、拱桥、东西庑、大成殿、明伦堂、尊经阁等组成。由于年久失修，部分被毁坏。现存大成殿和明伦堂、尊经阁等。

大成殿坐北朝南。面宽五间26.56米，进深4间24.40米，高18米。面积达440平方米。歇山顶，重檐四出，穿斗与抬梁混合式屋架，檐下

四周斗拱重叠出跳，梁柱上有凤、鸟、鱼、龙各式漆金雕刻，显得古朴大方。

清嘉庆时期，由嘉庆御书的"御颁至圣先师大成殿"的金匾悬挂于正殿门楣上。在金匾的正面，有卷棚式通廊，石柱造型、梁架结构，具有明显的清代风格。

大成殿的周围石柱上不设斗拱，直接顶托着檐枋。在上檐下施斗拱多组。梁架和斗拱间雕刻有莲花、龙头、卷云等纹饰。重修后的龙川学宫基本是修旧如旧，整体色调沉稳。

在大成殿里，"至圣先师"孔夫子端坐在清康熙帝御书"万世师表"金字牌匾下，双手交放虚拱于胸前，面容肃穆。

当年，孔子曾经让学生各自说出自己的理想，曾点说了他的理想生活："暮春的时候，穿着春天的服装，约上五六个成年人，六七个孩童，一起到沂水边去洗澡，到舞雩台去吹风，再唱着歌走回家。"

孔子叹着说："我赞成曾点的想法啊！"孔子"致君尧舜上，再使风俗淳"的精神动力，由此可见一斑。

明伦堂是龙川学宫的讲堂。体现了我国古代学宫明伦堂居中的基本建筑格局。在这里，古时有众多的青少年认真地跟着老师学习"六艺"。

明伦堂再往里，便是尊经阁，里面藏的都是经史子集等各类儒家经典。这是古代学子们用于学习的教材和参考资料。

龙川学宫整个建筑宏伟庄严，站在大成殿门前，仰望苍穹，鸿飞冥冥。不仅使人深切感受到儒家"为天地立心、为生民立命、为往圣继绝学、为万世开太平"的济世壮怀。

在龙川学宫的西门，建有一座考棚。龙川考棚是为数甚少的科举考试场所，这为研究明清科举考试提供了宝贵的实物资料。自龙川创

建考棚后，当时和平、连平、紫金、兴宁、五华等县的不少童生都到此赴考。

自唐以来，龙川地区人文蔚起，科第蝉联。据统计，自唐至清，计有进士28人，举人112人，贡生164人，秀才2000多人。

考棚里几根并不粗大的木柱支撑着高高的瓦面，考棚每一个窗口都对应有一个高2米、宽1米、深1.3米的号房单间。这是考生日间考试、夜间住宿的地方。清末废除科举后，这里做了学堂。

**知识点滴**

胡宗宪是一位在龙川佗城学宫名流千古的人物，1538年中进士之后，官至兵部尚书。胡宗宪从44岁到50岁短短的6年间，以他的雄才大略，至1562年，取得了抗倭斗争前所未有的胜利，浙江的倭患基本平息，开始剿灭福建的倭寇，他为大明社稷立下了赫赫的战功。戚继光是胡宗宪一手培养的抗倭名将，历史学家称"没有胡宗宪，就没有戚家军"。沈明臣、文徵明、徐文长等一大批著名画家、文学家投奔到他的麾下，成了他的幕僚、智囊团。

胡宗宪身上集中了诸多古代儒将的优点，他善于用人，精通谋略，冲锋陷阵，冒死报国，功绩在主持抗倭的诸位大员中当推第一，为我国人民反对外来势力侵扰做出了杰出贡献，作用颇大。

# 宋代创建的肇庆高要学宫

　　那是在广东省的中部，有一个名为高要的地方，是西江中下游的政治经济文化交流的枢纽。这里有着悠久的历史和灿烂的文化，人文荟萃，英贤辈出。

　　早在唐代，高要就出现了一代禅宗大师陈希迁，在六祖慧能门下出家。在其后的禅宗五家，曹洞、云门、法眼三家的传承都渊源于陈希迁。

　　到北宋时期，宋徽宗爱好笔墨、丹青、骑马、射箭、蹴鞠，对奇花异石、飞禽走兽有着浓厚的兴趣，尤其在书法绘画方面，更是表现出非凡的天赋。上行而下效，在宋徽宗的影响下，整个天下都散发着浓浓的文化氛围。

在高要，为了迎合当时的书画氛围，培养国家栋梁，出资兴建了高要学宫，后经多次重修，规模日臻完备。

高要学宫四周筑以石栏，大门左侧有一棵300多年的古榕巨树，苍翠葱茏，遮天蔽日。再进里面有树牌坊4个，分别为"崧山起风"、"端水蛟龙"、"崇儒"、"贞教"，中间为青云路，路尽处两旁有贤关、圣域两坊，连接入学宫通道。

高要学宫占地面积488平方米。学宫的头门称文明门，二门上榜书"黉宫"。三孔桥下是泮池，通过大成门。门内为丹墀，丹墀北面是大成殿。殿前东西两侧为庑廊。殿后有尊经阁、明伦堂、名宦祠、乡贤祠、敬一亭等。

大成殿五开间23.5米，高12.3米，木结构建筑。全殿竖36根大楠木柱，柱础为石质花篮形。柱顶为斗拱24组，下檐斗拱32组。下檐正立面除柱头置斗拱外，正间置铺作斗拱2组，次间置铺作斗拱1组。

殿宇高大庄严，雕樑画栋，结构严谨，是一座富丽堂皇的古建

筑，保留了明代的建筑风格，是民族艺术的瑰宝，所以历代都得到政府部门的重视，社会名流，达官贵人、各界人士及富家子弟也纷纷自愿捐资修缮。

明代御碑竖立于高要学宫大成殿的西侧走廊。这是6块十分珍贵的明代石碑，这组石碑绝大多数是明代嘉靖皇帝朱厚熜亲笔御书。

其中一块较为高大的是晕首竖碑，篆书题额有"御制"两字。"御制"是指碑文是由皇帝所写的意思。

"御制"大碑宽1.16米，高1.98米。碑文为明嘉靖皇帝所作的"敬一箴"及序，箴即箴言，是一种字数相同，讲究工整押韵，内容以规劝告诫为主的文体。

此箴言由4字一对组合为8字一句所构成，共36句288字。言简意赅，琅琅易诵。嘉靖皇帝在序中写道：

朕因读书而有得焉，乃述所以自勖云。

落款为"嘉靖五年六月二十一日钦文之玺",也就是公元1526年,在《明史》有相关的记载。

另外还有5块篆额"宸翰"的碑文,则是嘉靖皇帝抄录。"宸"是指帝皇居所,"翰"则指文章。这些碑是"程子视箴"、"程子听箴"、"程子言箴"、"程子动箴"和"宋儒范氏心箴"碑,并在其后所作的注解,通俗地讲就是读过5条箴言后所写的心得体会的文章。

"程子"碑是"钦奉敕旨",榜文卧碑,碑文纵列正楷字体,约1500字,叙述条文12例,是明代宪宗皇帝朱见深于1479年颁发全国各学府的条例。

程子,字程颐,字正叔,是我国北宋时期的哲学家、教育家。世称伊川先生,洛阳人。官至崇正殿说书,讲学达30余年,其学以究理为主,并主张"涵养须用敬,进学在致知"的修养方法,目的在"去人欲,存天理"为名教纲常辩护。其学说后来为朱熹所继承和发展,也称程朱学派。

"宋儒范氏心箴"碑中的宋儒范氏,即范浚,字茂名,一作茂明。宋代兰溪人。绍兴年间因秦桧当政,范便辞官不赴任,而闭门讲学,笃志研究,著有《香溪集》,学者称他为香溪先生。

这些碑刻既增添了高要学宫的文物遗存,可供人欣赏,又为明代嘉靖皇一朝注重道德规范教育提供了实物见证,对研究肇庆、高要等地的石刻、书法技艺都有着珍贵的历史、艺术价值。

大成殿最后一次修葺是清代道光年间，后来，人们把这座广东仅存的明代府级学宫的大成殿进行加固维修，许多建筑方面的大家特意前来指导。

在这次修葺中，高要学宫重新立起了孔子塑像，增设了大型展柜，使大殿的面貌焕然一新。

大成殿，富丽堂皇，殿内大型展柜的柜内陈列了300多件文物，琳琅满目，给后人以启迪。尤其是大成殿中重新立了我国古代大思想家、教育家孔子的塑像，供人瞻仰，大殿西面的走廊保存着明代碑廊，竖立着十分珍贵的明代御碑。

高要学宫整座建筑布局，保留了明代我国南方的建筑风格，是我国民族艺术的瑰宝，具有很好而又深远的历史研究价值。

据《明史》记载，明嘉靖皇帝朱厚熜执政早期整顿朝纲，被称为"中兴时期"。在执政时期，嘉靖皇帝为了教化天下，稳固政权，总是以身作则，激励天下士子学人，严于律己，遵循儒学。为了以维护"三纲五常"伦理道德的理学思想来影响社会风气，嘉靖皇帝特将自己所作的"敬一箴"和所注解的"视、听、言、动、心"五箴言以统一格式颁行天下，立石于全国各地的学宫里。从高要学宫中发现的明代碑刻，正是这一历史事实的最好见证。

知识点滴

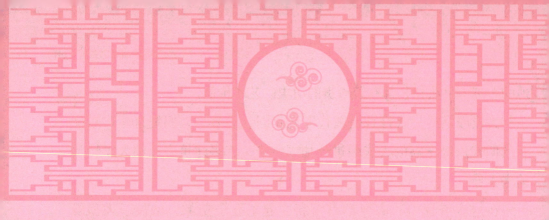

# 明代创建的河南汝州学宫

　　明王朝建立之初，明太祖朱元璋对元行省作了很大的改革，改省为"承宣布政司"，只管民政，省下设郡、县。当时的汝州仍为南阳府管辖，改革后将梁县省入汝州，领郏县、鲁山两县。

明太祖朱元璋

　　汝州地处中原，历史悠久，人才荟萃，早在神话传说中的"三皇五帝"时期，汝河流域是华夏文明的中心地带。

　　自汉代以来，历朝历代都推行"独尊儒术"的文化政策，唐代以来官府开始在各地建造学宫，遍及普天之下的各个地方。

　　到明代洪武年间的1370年，汝

州建立起了一座学宫，取名为汝州学宫，是当时汝州及周边地区学子们上课的地方，也是培育人才的重要场所。

汝州学宫又称黉学，是古时童生和秀才们学习、聚会的地方，位于汝州市区望嵩中路东侧，面向中大街，北抵火神庙街，与文庙相互连通成为一片密不可分的建筑群。学宫、文庙建筑群是汝州地区规模最大的古建筑群。

据明代《正德汝州志》记载：汝州学宫学基在元代忠襄王祠堂，明洪武年间的1370年改建为学宫，后于明永乐年间的1416年重修。明崇祯之后两次被毁，"殿庑渗漏……墙壁多颓"。清代又再次重修。

汝州学宫南北长325米，主体部东西宽50余米，加上其他占地，总面积20870平方米。其大门叫"永和门"，取其和平、和睦、和气的寓意，也是孔子一生历尽艰辛、周游列国所追求的目的。

汝州学宫东西各附一跨院，其特点为：建筑排列有序，中轴线明

显。主要有文明坊、大成殿、启圣宫，此外，还有明伦堂、大成坊、名宦祠、乡贤祠等大小殿堂116间。

文明坊面阔3间，进深6.3米，为过廊悬山式建筑，是古代学子在汝州学宫上课的教室。

大成殿是汝州学宫中最大也是最重要的建筑，供奉儒家学说的创始人孔子。"大成"的称呼出自《孟子》，意思是孔子整理三代至周公的学问并删诗书、订礼乐、赞周易、修春秋，是集大成的学者。

大成殿为单檐殿式，面阔5间，进深2间，进深8米，开间面宽4.38米，东西次间面宽3.35米，东西梢间面宽3.1米，绿瓦兽吻，飞檐斗拱，气势雄伟，庄严肃穆，颇具权力象征。

大成殿的建筑风格为单檐庑殿顶，面阔5间，进深10米，单檐庑殿顶仅次于故宫太和殿，清代雍正年间，皇帝特批孔庙可以使用全部黄色琉璃瓦，用绿色琉璃瓦"剪边"，反映了孔子高贵的级别和地位。

这座高台叫作祭台或拜台，是祭祀和歌舞的场地，清代时要按照皇帝钦定颁行祭孔祀典，表演乐舞颂扬孔子业绩，台基的高度在古代有严格规定，天子9尺，诸侯7尺，大夫5尺，士3尺，一尺约20厘米，这个台阶接近于古代诸侯7尺。

屋脊上排列的动物称为"走兽"或者"走投无路"，是从固定檐角瓦片的瓦钉演化而来，后来对钉帽美化过程中形成各种动物形象，用作装饰建筑和标示等级，数目越多级别越高，最多为十个，大成殿上面安了6个。

屋顶和墙之间的木结构叫作斗拱，是我国古代建筑独特的构建，方形为斗，弓形为拱，用来支撑和装饰建筑，级别越高层数越高，制作越复杂。

石狮是作为艺术装饰的守卫之神，又可以显示主人身份的高贵，一般门东边狮子脚踩绣球，为雄狮，俗称"狮子滚绣球"，门西边狮子脚下抚一只幼狮，寓意子孙昌盛，俗称"太狮少狮"。

狮子头部鬈毛的数目象征封面官府等级，一品官门前狮子有13个，称为十三太保，七品官以下不准安放石狮，而孔子地位比一品官还高，狮子底座正面雕刻瓶、盘和三支戟，象征平升三级，右面雕刻牡丹和松柏象征富贵长春，左右雕刻文房四宝象征文采风流，背面雕

刻太极八卦图，象征镇妖驱邪。

殿门门口的对联也是雍正皇帝撰题的，写于1729年。对联写道：

德冠生民溯地辟天开咸尊首出
道隆群圣统金声玉振共仰大成

上联的意思是，孔子的思想和道德自开天辟地有人类以来，一直被尊为第一；下联的金声玉振指奏乐的过程，比喻孔子善于把单个音符按照音律组成美妙的乐章，意思是孔子能够将古代圣贤的美德集于一身，自成体系，形成完备的学术思想。

殿门上匾额上的"生民未有"4个大字，也是清雍正皇帝亲颁御书，意思是千古年来，从未有过像孔子这么至高无上的圣贤之士。

大成殿内正中供奉孔子塑像，头戴十二旒冠冕，身着有十二章纹样的王服，手持玉圭，是孔子被人们神化的形象。孔子作为春秋时期的政治家、思想家、教育家，终其一生，开创儒家学说仁学思想体系，不仅巩固了封建社会统治基础，也为中华民族留下宝贵的精神财富和重要的文化遗产。

　　塑像上首悬挂着清康熙帝亲笔御题的"万世师表"牌匾。康熙皇帝曾于1684年到曲阜祭礼，特书"万世师表"匾额，意思是孔子永远是世人的老师，千秋万世都是人们学习的楷模。并命令全国各地的文庙将题词刻成牌匾悬挂在大成殿。汝州学宫的"万世师表"是康熙皇帝颁给孔庙的首方。

　　孔子塑像左右两侧供奉的是"四配"，分别是"复圣"颜回，"宗圣"曾参，"述圣"孔伋，"亚圣"孟轲。他们都是发展儒家学说的有成就的学者。

　　大成殿内部屋顶有根圆木叫作大梁或者横梁，是我国传统木结构建筑中骨架的主件之一，承载整个建筑物的荷载，墙壁只起围护分隔的作用，因此我国古建筑可以墙倒而屋不塌。

　　大成殿天花板平顶凹进去的部分绘有二龙戏珠，称为藻井，含有我国风水学中以水克火的寓意，用来预防火灾，正中刻有"清嘉庆

十六年重建"字样，说明这座大殿最后一次重修的时间是在1811年。

启圣宫是孔庙供奉孔子父亲的地方，为单檐硬山式建筑。后来，人们又对汝州学宫进行了整修，重修了明伦堂、乡贤祠等，基本上都为明清时期的建筑。其整个建筑群布局合理，保存基本完整。

张维新是明代汝州学宫出的一位进士，从1577年中进士后被任命为山东冠县县令，因政绩突出升为给事中，在宫中的兵、礼两科先后任职，负责侍从、规谏及稽查六部百司等事。

张维新不阿权贵，敢于对社会弊端条陈上疏，对皇帝直述己见。曾大胆揭发考场中的舞弊现象，又谏议停止宫内太监们无谓的"内操"，对廓清考场、严饬宫禁起了一定作用。他还荐用正直无私的邹元标、孟一脉等人为提意见的"言官"，使一些宵小咋舌，佞人敛足，促进了朝政的改革。

# 广东学宫

　　广东在历史上的发展曾落后于中原，但明代中后期便加快了发展步伐，到清代已整体跻身于先进地区行列。广东能够迎头赶上，最关键的原因在于，这一时期的管理者重视教育，培养出了大批栋梁之才，他们为广东的发展做出了巨大贡献。

　　在广东教育史上，学宫的创办和发展，加快了广东地区整体发展的步伐。像揭阳学宫、德庆学宫、番禺学宫、长乐学宫、罗定学宫等，都是广东古代重要教育机构。这些学宫历史悠久，保存完整，人文气息浓厚。

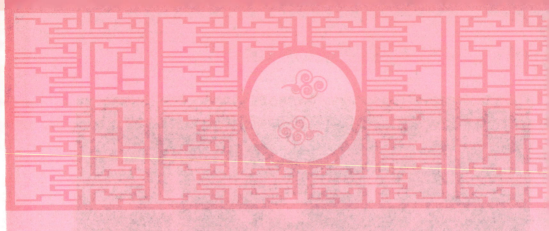

# 浓缩儒家精髓的揭阳学宫

南宋宋高宗赵构统治时期的1140年将揭阳设置为县，为了教化民众，不久又下令建造了揭阳学宫。

揭阳位于今广东东南部，这里有广阔肥沃的榕江冲积平原和滨海沉积平原，是潮汕文化的发祥地。榕江风光旖旎，水运便利，早在唐代的时候，揭阳已经成为了连接各港口和附近邦国的著名通商口岸。

宋高宗在揭阳建造学宫，不仅出于教化民众的

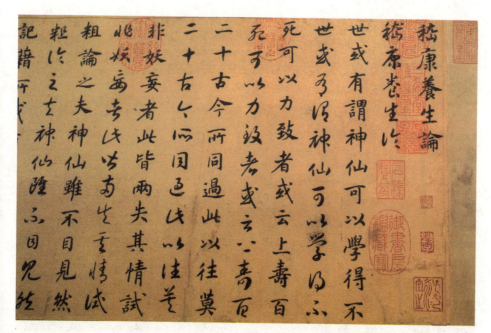

政治考虑，其实也和他本人的文化修养有关。宋高宗精于书法，善真行草书，笔法洒脱婉丽，自然流畅，颇得晋人的神韵。明代陶宗仪在《书史会要》中称：

高宗善真行草书，天纵其能，无不造妙。

宋高宗的书法影响了南宋的书坛，也为揭阳学宫的教学注入了弘扬传统的活力。

当时的揭阳学宫，为南宋政府培养了大批人才，据《揭阳县正续志》记载，从1140年到1247年，揭阳学宫培养出的进士有翁舆权、林大受、郑国翰、陈式、林绍坚、王中行、陈应侑、叶少颜、孙少勉、彭拱宸等。可见当时揭阳学宫的教育实力，以及它所体现出的儒家文化精髓。

揭阳学宫从宋至清，经过规模不同的35次修缮、调整和扩建。清代经过修缮和改建扩建以后，形成了后世的中轴线为孔庙、东西为县学及配套设施的三路建筑格局。总面积为20020平方米，仅次于山东曲阜孔庙。

揭阳学宫最后一次大规模重修和扩建是在清光绪年间的1876年，由当时的知县夏献铭主持，历时5年，耗资白银近2万两。这次重修奠定了揭阳学宫的格局，建筑手法是在原有宋代和明代建筑基础上继承和发展，形成了庙、学相结合的建筑风格。

揭阳学宫的整体建筑设计手法，主要是通过建筑群体所形成的环境来达到表现孔子丰功伟绩和儒学高深博大的目的。

揭阳学宫采用中轴线布局，高台基殿堂式结构。主要建筑物有照壁、棂星门、泮桥、泮池、大成门、东西庑、大成殿、崇圣祠等。主体建筑均为高台基、大圆柱、红瓦绿檐，造型富丽堂皇，庄严肃穆，是广东同类建筑物中规模较大、保存完好的一座，具有较高的科研价值和艺术水平。

据说揭阳学宫最初建成的时候，最前列的建筑物是南端位于韩祠路头的"腾蛟"和"起凤"二亭，可惜的是，这两个亭子后来由于一些原因被拆毁了。

照壁位于两亭中间，是后世留存下来的学宫的最前列建筑，照壁嵌有一方花岗石刻横匾，上有被揭阳人列为五贤之一的明代兵备道楚人杨芷所书"太和元气"4个大字。

照壁分为3间，中间为明间，正面镌嵌瓷雕"鲤跃禹门图"。鲤跃禹门也叫鲤跃龙门，是大禹在治水期间引发许多鲤鱼被冲出大禹门，只要这些鲤鱼们可以越过龙门便可以化龙飞升。后来在科举时代，参加会试获得进士功名的，也被称作"登龙门"。

　　鲤鱼跳龙门，既是这个优美传说的形象表述，更寄托着祈盼飞跃高升、一朝交运的美好愿望。尤其是那些指望子弟靠读书应试博取功名前程的人家，都把它当作幸运来临的象征，所以学宫照壁上的"鲤跃禹门图"足以折射出这里的学术氛围。

　　在鲤跃禹门图两边次间的图案，左右各雕鹿鹤相望，鹿开口而鹤含筹，十分精美。

　　学宫的棂星门是纯石结构，被5根石柱间隔为5个门，柱顶端为宝顶，两侧皆为云枋龙首。进入棂星门，即为泮池。泮池两侧各门以通左右建筑，右为"金声门"，左为"玉振门"。

　　过泮池拾级而上，即为大成门。屋脊正中置一蓝色宝瓶，左右各塑一鳌鱼吻脊。"宝瓶"与"保平"谐音，取的"保境平安"之意。

　　大成门两侧各有一厢房，东为"名宦祠"，祭祀历代来揭阳当官而政绩显赫的人物。西为"乡贤祠"，祭祀历代揭阳籍有名声的官员，面阔各3间。其次左右又有库房各一间，形成倒座。

从大成门跨过一个天井就是学宫的核心建筑，即大成殿。作为孔子神像所在地，大成殿不仅是揭阳学宫的核心，也是庭院的主体，体量高大，造型华美。

大成殿台基高达1.4米，殿身面阔5开间，总面阔21.93米，四进深，总深21.35米，平面近正方形。四周筑以回廊，殿前设宽15.2米、深7.14米的露台。

露台是古代举行祭孔乐舞的地方，也是孔庙必不可少的配套建筑之一，露台正前方设御道石。御道石不设踏跺，以示对孔子圣像的尊重，人们只能从远处瞻仰。

大成殿殿身以梁柱为骨架，梁架结构为穿斗式。整座大成殿共用花岗岩石柱36根，中间金柱为圆形峻柱，其他部位为方柱。

大成殿屋顶为歇山二重檐，全部盖以琉璃瓦筒和土红瓦板，绿琉璃剪边。殿内的4根大石柱上，盘踞着四条木雕巨龙，栩栩如生。

大成殿前天井两侧分别是东西庑，原为供祀历代继承发掘孔子儒

家学说而较有成就的历代先儒的牌位。

大成殿周围的门、庑、殿、阁设计非常的讲究，其高低、大小、简繁、华朴、阴暗都表现有主次和秩序，都在竭力突出大成殿的高大地位。

大成殿还悬挂有历代皇帝御颁的匾额，如："万世师表"、"生民未有"、"圣集大成"、"与天地共参"等。正殿塑大成至圣先师孔子像，左设复圣颜子、宗圣曾子，右设述圣子思子、亚圣孟子，圣殿前左右列12尊先哲。

整座孔庙布局对称、规则、方正、直线，从而形成一种极为庄严肃穆的布局形制。各座单体建筑之间，局部和整体之间，既有变化，又相协调。各部分又互相衬托，渐变多于突变。联系多于对立，这种布局手法，正是孔子儒家学说所提倡的中庸、和谐、温和理念在建筑布局上的体现。

揭阳学宫普通使用的木雕、石雕、贝雕和嵌瓷等装饰工艺，既精湛又富有地方特色，历来深得行家的称赞。

揭阳诗人东篱香有词一阕，为《调寄〈江城子〉》，词中专赞揭阳学宫。这首词写道：

崇阶玉殿焕辉煌，转庑廊，仰祠堂，瑞霭氤氲，飞凤逐翔凰；锦鲤文鳌争活跃，云化彩，日升光。

海滨邹鲁称名邦，水共山，气泱泱，人杰地灵，华国有文章。几度沧桑都过尽，添绿树，护红墙。

揭阳学宫作为儒学的教育场所和朝廷的教育机构，按照典制必须配定师职和学额，但府、县志中对宋元时期这方面的记载不详，到明清时期才有较详细的记载。明代学宫县学配设有教授、教谕、训导各1人。清代只配设教谕、训导各1人。

在揭阳学宫任教职的人员多为贡士，只有少数为监生、举人、进士、儒师。至于学额，据清乾隆《潮州府志·学校》记载，揭阳县学岁试原额入学文童15名，武童15名，科试文童入学15名，清雍正时广额20名。清乾隆时建丰顺县乃割揭阳学额2名入丰顺，额定18人。而在

清光绪《揭阳县续志》中提到清咸丰时广额1名，共19名，是当时潮汕各县中最多的。

揭阳学宫推崇"忠君尊孔"，课生员以经史律诰礼仪，朔望习射，日习名人法帖500字，习九章法。明代以后，学宫仅办春秋祭祀习礼及生员晋拔事宜，讲习考课诸事悉归书院。县学生员每3年考两次，第一次称岁考，第二次称科考。

岁考和科考都分为6等，岁考成绩优秀者可以晋升为廪生、增生，科考成绩优异者列为"科举生员"送省参加乡试。另外，县学每2年取一名岁贡生，每12年取一名拔贡生。

学宫是培养人才的场所，科举是选拔人才的途径，科举的鼎盛证明学校教育的成功。揭阳学宫作为当时社会揭阳的唯一官学，学宫肩负着培育科举人才的重任。自宋代揭阳开辟学宫为县学以来，揭阳科举人才不断增多。

据不完全统计，宋代揭阳中进士14人，元代2人，明代32人，清代文进士10人，武进士14人，明清两代揭阳中举人近300人，可以说是代代有人才。

揭阳学宫不仅浓缩了千年儒家文化精髓，而且是广东同类建筑规模最大、保存最完好的，人们称之为"粤东古建筑的一颗明珠"。

知识点滴

每年8月下旬，揭阳学宫都会举办"开笔礼"活动，这是中华传统文化中对少儿进行开始识字习礼的一种启蒙教育形式，对每个读书人来讲都有重大意义。参加活动的孩子们正衣冠、朱砂开智、拜谒圣像、诵读《弟子规》、击鼓明智、启蒙描红、接受孝德教育。这些都突出了尊孔祭孔、传承尊师重教的传统美德。

每年春、秋、冬三季举行的传统祭孔活动，是学宫的标志性活动，也成为集体缅怀先圣、继承优良传统、弘扬中华美德的方式。

# 木构建筑瑰宝的德庆学宫

相传在很久以前，有一次皇上出巡来到广东西部一个叫作康州的地方，当地的知县为了讨好皇上，就叫全县种橘子最好的德哥和庆妹拿橘子过来。皇上和皇后吃得好开心，于是就说："朕三个月后来

到，一定要吃到与众不同的橘子。"

就在皇上回宫的那天，德哥、庆妹他们结婚了。洞房那晚，他们满脑想着皇上说的话，翻来覆去睡不着。德哥突然想到：你嫁我娶，可不可以把橙接到橘子上呢？经过很多次的实验，他们终于成功啦！

3个月后，皇上果然带着皇后来到了康州，这时德哥和庆妹一起把贡金拿上给皇上和皇后吃。皇上品尝之后说："好，这橘子果然与众不同，它叫什么名字啊？"德哥和庆妹慌忙说还没有来得及取名字，请皇上赐名。

听了德哥和庆妹的话，皇后说："既然没有名字，就叫作皇帝贡金吧！"

"好！就叫皇帝贡金！"皇上高兴地说。

皇帝为了奖励德哥和庆妹，就说："以后，康州就改名叫作德庆。"于是，康州就改名成了德庆。

这个故事只是人们口口相传的。其实在宋代，这个地方还是被称为康州。

1011年，宋真宗赵恒下令在康州置孔子庙，建于子城东五里的紫极宫故址。1043年，时任知州事的李仲求看到孔子庙被风雨侵蚀，已不成样子，就集资重修了孔子庙。

到了南宋1131年的十一月，宋高宗将康州诏升为府，名德庆府，孔子庙因而改称为德庆府孔子庙。1196年，知府事赵师瑟置书籍学田，形成了德庆学宫。之后在淳佑年间，知府事陈宿和冯光递曾多次增置书籍学田，学宫的规模进一步扩大。

元代大德年间的1297年，教授林舜咨重建大成殿、两庑、殿后建尊经阁，下为议道堂。

明代洪武年间，明太祖朱元璋诏令改为州学，修殿前庑，建重门及云章阁、塑宣圣、四配、十哲像。1441年，知州周冕复塑两庑先贤像，明代弘治时期的知州王淮重建尊经阁，列号舍于学东。明嘉靖时期，知州吴汝新重建殿前庑，改砌泮池。

此后，历代在这里任职的知州和地方乡绅都多次对德阳学宫进行修葺和扩建，形成现在的规模。

德庆学宫形制甚备，形成的格局分东、中、西三路，其建筑规模极为宏伟。德庆学宫原有建筑群占地3900多平方米，坐北向南，由石栏、棂星门、泮池、大成门、杏坛、东西庑、大成殿、名宦乡贤祠、崇圣殿、尊经阁和尊圣义祠等组成，是一组庄严、雄伟的古代建筑群。

崇圣殿是学宫敬奉孔子及先贤的场所，据清代光绪年间颁行的《德庆州志》中的《典礼篇》记载，先师以岁春秋仲月上丁行释奠礼。主祭、视割牲、省斋、盛、纠仪、司祝、司香、司帛、司爵、司馔、司赞、通赞、引班，所用人等与祭社稷坛同，在城文武与祭亦

同。祭祀活动的所有典礼仪式，均遵照朝廷部颁的礼仪标准举行。

　　大成殿是德庆学宫的主体建筑，大成殿的设计者独辟蹊径，打破了传统厅堂那种"八柱撑空"的木梁架结构，转而采用"四柱不顶"的独特形式以满足建筑物防灾的要求，与广西容县"四柱不地"的真武阁，一东一西，一文一武，一天一地，遥遥相对，被称之为我国南方古代木构建筑的"一对明珠"。

　　所谓"四柱不顶"就是在殿梁架不砌上露明藻，左右次间各减了两根内檐柱，明间正中只竖四根不到顶的圆林金柱，柱顶上横架座斗枋，安放四朵类似鎏金的斗拱，以承托压槽枋和井口天花板，天花板上再立圆柱以支撑正梁，在山墙上和前后檐柱的柱头上，承托着下檐的重叠起来的斗拱。

　　殿身的梁架则用大鹿结构法，这是古代建筑师为使厅堂免受雷击，采用消除被称为"跨步电压"危险的一种独特设计，那4根上不到顶的圆木柱，称作"雷公柱"。从外观艺术看，大成殿气势宏伟，殿面宽阔。加上用高台基、高柱础，前檐用花岗石柱，左、右、后三面围以高墙，使全殿采光良好，光线均匀，又可防洪、防蛀。

大成殿在防洪上采取了有效的建筑技术，加高了殿堂台基，设置了高35厘米的花岗石门槛，前檐用花岗石柱，左、右、后三面围以高墙，采用了花岗石高柱础，尤其是正中四根金柱，石础高达82厘米。

大成殿面阔5间17.36米，进深5间17.53米，建筑面积304平方米。平面几乎是正方形，为宋元古制。殿中减柱4根，只余正中4根木质大金柱。殿前为阔3.22米、深8.7米的月台，围以砖砌栏杆，月台前正中及左右各设踏道，月台前设一砖石砌拜坛，阔6.15米、深4.73米。

大成殿高19.4米，重檐歇山灰瓦顶，坡度平缓，斗拱疏朗，山面有山花板，各施悬鱼一条。大成殿斗种类复杂，计有11种之多。

下檐斗拱梁架保持了宋代风格，柱头和补间铺作均为七铺作单抄三下昂，两根直昂昂尾均长二椽，甚为罕见，其出跳总长居全国唐宋同类斗的首位。上檐前后檐斗，是元代遗构，其采用象鼻子昂的形

制，为较早形态，其后流行于清代。

大成殿殿身梁架采用大了袱结构法，省去4根重檐金柱和2根八椽，使殿内空间完整开阔，为华南建筑孤例。

大成殿的装修装饰有浓厚的岭南地方特色，殿门上部扇用宫式万字花纹，殿内重檐后金柱间的由额和顺身串间置一花罩，花纹别致。大成殿上檐正脊中央为莲花宝杯及光环，下垫以夔纹饰块，正脊两端为夔脊饰，靠内侧两边各置一鱼龙。

戗脊为游龙卷草，龙身绕脊出没，形体生动。下檐角脊上端为鱼龙吻，下端为卷草，稍靠上为一虎。正脊和垂脊两边满绘有"三狮会燕"、"金玉满堂"以及松鹤等彩画。灰瓦顶屋上檐边用红色陶质勾头滴水镶边，下檐用蓝绿色琉璃勾头滴水镶边。

大成殿外，正面通花门，重檐歇山墙，屋顶坡度缓，上有雕饰物，正中红日起，两边鲤翘首。两对雕龙各据一方，昂首天外。这些艺术造型，反映了兴建成孔庙的宗旨，那就是：

圣人之道，如日中天。鲤跃龙门，聿开文运。

除此之外，德庆学宫的宫殿式三路建筑群气势雄伟，又以大成殿最为雄壮，为重檐灰瓦歇山顶，平面呈正方形，面宽进深各五开间。殿前的大成门及左右两边的东西庑，绕成正方形宫殿院落，使大成殿显得恢弘而庄严，雄伟而辉煌。德庆学宫还积淀着深厚的孔文化，经历千年，愈来愈浓厚。

德庆学宫大成殿，无论外部造型还是内部结构，都有很高的建筑艺术，是古代典型的岭南建筑，是不可多得的建筑佳品，因此受到我国古建筑学家的高度评价，认为这座大成殿是祖国科学文化的结晶，在当时处于建筑的领先地位。有的古建筑学称之为"凝固的历史，无声的音乐"，还有人将之称为"古建瑰宝"。

在德庆学宫的附近，有一个龙母祖庙，是供奉龙母娘娘的庙宇。龙母姓温，秦时人。自小能预知祸福，且乐善好助，人称神女。传说一天，温氏在西江边濯洗时偶拾到一大卵，孵出五只小动物，能为温氏捕鱼。长大后五物竟变成头角峥嵘、身皆鳞甲的五条真龙。温氏让他们施云播雨，保境安民。人们便称温氏为龙母。

后来，龙母仙逝，五龙悲痛欲绝，化作五秀才，将龙母葬于北岸的珠山下。后人感于五龙的孝心，就此建庙，名曰"孝通庙"，后改为"龙母祖庙"。

知识点滴

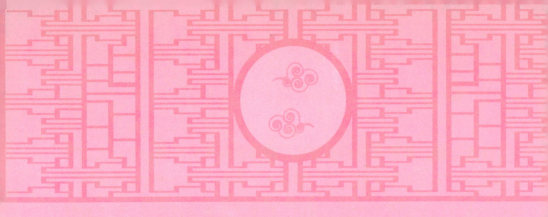

# 尊儒重教的五华长乐学宫

　　西汉初年，南越国的赵佗归汉后，担任西汉王朝的广东龙川县令。公元前195年，赵佗有一次率狩猎队伍行到五华山下，恰巧汉高祖刘邦派陆贾奉旨封赵佗为南越王。赵佗为了朝拜汉室及授封南越王，

遂筑台于五华山下，名为长乐台。

广东是客家人聚居的地方，长乐台因为客家人口繁衍逐渐增多，在北宋于1071年间置县时，因县治所在而取名为长乐县。到了明代成化年间的1469年，长乐知县黄瑜在五华县华城十字街始建长乐学宫。

长乐学宫自明代建成以后，多次重修，清同治时重建后长乐学宫，其建筑物按古代传统风格，排列在中轴线上，左右对称，规模宏大。

长乐学宫为古代传统风格的宫殿式建筑，坐北向南，左右两厢对称，规模宏伟。设有照墙、棂星门、泮池、戟门、大成殿、明伦堂、崇圣殿、东庑、西庑等。是当地规模最大的学宫。

大成殿是长乐学宫的主体建筑，这里是祭祀我国伟大思想家、教育家孔子的地方，面阔5间，24.4米，进深6间，20米，殿高10米。

大成殿前设月台，殿内由24条八角梅花石柱擎撑梁架，柱础为8瓣形须弥座式，斗拱雕花，重叠出跳，重檐歇山瓦顶，殿顶有辉煌耀眼的黄色和孔雀蓝琉璃瓦，殿脊有双龙戏珠图案，是结构紧凑、布局合

理、工艺精巧的完美建筑。

大成殿的正堂有案龛，龛上设孔子神位，上写"至圣先师孔子尊神位"，所以旧时长乐学宫又称孔庙。古时每年农历二十七为祭孔日，县城的县官必亲自带领在职官员以及文人学士，集中于学宫大成殿拜祭"至圣"先师，以示重知识、遵礼义之范举。

在当时，拜祭"至圣"孔子，要行"三跪九叩三献"礼，有笙笛伴奏，要读祭文，主要是歌颂伟大思想家、教育家孔子的伟德，激励后人好学奋进。体现了客家人崇儒重教的道德风范。

除此之外，"至圣"孔子神位亦"请"出安设于各学校厅堂。每逢开学时节，学子必携香烛，先行叩拜孔圣，然后才去注册缴费上课，由此也可知读书人对孔子的崇拜与敬仰程度。

大成殿后本有宽敞的明伦堂和崇圣殿，唯此两堂殿已毁，不复存在。长乐学宫结构严谨，气宇轩昂，几历沧桑，仍不减当年秀色。

后来，长乐学宫改为主要以儒学文化、五华历史和科举时期五华取得功名的人物等介绍，展示客家人的崇儒重教精神。在西庑的展厅里，有客家武状元李威光的塑像和他勤学故事，李威光文武双全，是客家人的骄傲。

李威光是广东五华县即今长乐县华城镇黄埔村人，他的父亲李资始对他从小管教非常严格，尽量让他学书习武，其母是一个才思敏捷性格开朗的农村妇女。李威光自小受家教熏陶养成自爱、自奋、自强的品格。

五华城乡盛行武术。李威光在崇文尚武的客家精神影响下，在年少时便投馆拜师学习武艺。由于他天资聪颖勤学苦练一招一式一拳一脚扎扎实实，不几年时间，刀、枪、棍、棒、骑射皆能武艺出众。

1750年，16岁的李威光适逢开科县试，便前赴考场，结果名列前茅，入选武生。这更坚定了李威光矢志武道的决心。

李威光的父母也很支持，为他聘请了武艺高强的师傅在家里授艺。他不怕辛苦，勤学苦练，十年寒暑之后，武艺精湛，在周围乡村中颇有名气。

1760年，李威光赴省参加庚辰科乡试，金榜题名，高中武举。此后，他习武不辍，志攀高峰，他常穿着自制四五十斤的石鞋以练腿力，朝夕抱举三四百斤练武石以练臂力。

勤奋不负有心人，李威光的武艺达到了炉火纯青的境界。1772年，李威光束装上京，参加壬辰科会试。他信心满满，坚信自己一定会一举成名。

据说李威光起程那天，刚走出家门槛，不慎踩死一只小毛鸡，起初李威光并不以为意，继续前行。但是没想过木

桥时又踩断了桥板，走到山坡狭路处青衫被荆棘撕破。

李威光越想就越觉得不对劲，刚出门就碰上3件不吉利的兆头，很晦气，于是便掉头返回家中向母亲道出不愿赴考的原委。

李威光的母亲是一个善解人忧而又才思敏捷的人，为了消除儿子的疑虑，她出口成章道：

脚踏金鸡殿上行，踏断木桥换石桥。

自古英雄走险道，钩烂青衣换锦袍。

李威光的母亲解开了他的思想疙瘩，鼓励他继续登程赴考。京城会试，可谓群雄荟萃，相互角逐，竞争激烈，但李威光以超群的武艺脱颖而出，荣获第一。

这一天，乾隆皇帝亲躬殿试，但李威光却不知险情将至。原来，有人事先把比武石和李威光的刀涂上蜂蜡，让他当场出丑。殿试时，李威光举起武石，开始时潇洒自如，不料突然石滑脱手。李威光急中生智，用尽力气将武石猛踢一脚，武石翻滚落地，人也安然无恙。

接着李威光开始舞刀，但见银光闪闪，令人眼花缭乱。突然，李威光握刀的左手滑脱，他用紧握刀柄的右手顺势原地旋转，横刀下按，化解了险式。

乾隆皇帝看罢不解，便问这是何武艺。李威光急中生智奏曰：

武石滚动乃"狮子滚球"之义，关刀释手属"掠地割葱"，这些技艺是寒门传家之宝。

李威光的这番话语惊四座，顿时博得龙颜大悦，当即钦点他为该科状元，同时御赐"状元及第"金匾一块，成为当时客家人唯一的武状元，为客家人增了光。

在客家人崇文重教之风的影响下，五华地区人才辈出。长乐学宫展出的资料显示，包括李威光在内，从宋代至清代，五华县先后有文武进士24名，文武举人203名，贡生609名，七品以上官员227名。

这种重学之风一直延续着，长乐学宫旁的华城镇城镇村，是闻名的"秀才村"。客家人崇儒重教、崇尚习武，代代相传，已成习俗。

曾琼琲是长乐学宫声名显赫的一位吴举人，在民间，曾榜眼还有当考官拒贿选贤的美谈。

据说有一回曾琼琲身任选拔武生的考官。开考前夕，开封府巨贾马百万的老管家到曾琼琲的住所送钱说情，把一大包银子递来，并说事成后还有重谢。曾琼琲严斥道："考官之责，应是量才选拔，我曾某不昧心做事，卖官鬻爵，中饱私囊，此银子拿回去吧，并转告你主人，令公子能不能中，就看他的本事，若令公子本事大，不必花上分文。"第二天，曾琼琲秉公选拔，见马公子确实武艺不凡，于是还是让其名列金榜，是为官之人学习的榜样。

知识点滴

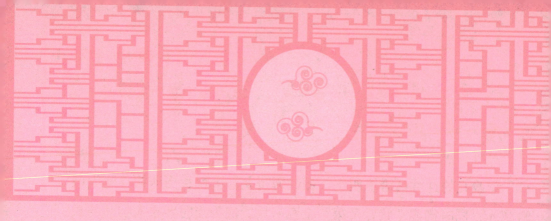

# 具有岭南风格的罗定学宫

那是在我国的清代初期的1647年，顺治皇帝下令在罗定直隶州建造一所学宫，这就是罗定学宫。此学宫后来经过从康熙至光绪年间的多次扩建，占地8300多平方米，形成规模。

在我国古时候，州县设立的学宫和文庙，一般按照"左庙右学"的形式来布局，以左为尊，文庙的建筑按中轴对称的形式来排列。这种布局也体现在罗定学宫的建筑中。

罗定学宫前为照壁，次为棂星门，再次泮池，再次大成殿，组成院落，最后是崇圣祠，其他建筑则相应排列于轴线两边，俨然一座完整的宫殿，所谓学宫的含义即如此。

罗定学宫具有鲜明的岭南建筑风格，如大成门左侧的名宦祠和明伦堂、右侧的乡贤祠都是岭南硬山顶厅堂式建筑。学宫的砖木结构结合巧妙，简洁明了，善用当地材料，其中凹心砖的砌筑很独特。

凹心砖为南江流域首创，自明代中后期开始流行。砖体分阴阳面，砖身轻，用这种砖砌出的墙体稳固性好、能隔音隔热。大成殿前露台正对御路的石阶前有一块雕龙丹墀，上有雕刻十分精致的"云龙"图案，所用石料是当地的红砂岩石。

罗定学宫体现了的粤西建筑风格，朴素、轻巧、实用。整体布局严谨，遵守传统形制，细部装修和装饰又有创新，铺地、砖柱、斗拱等做法都很有特色。

棂星门是罗定学宫的大门，为花岗岩四柱的石牌坊，高台阶，四柱高大，石鼓夹抱，石柱顶雕瑞兽。罗定学宫棂星门在岭南地区是最高的，达7.64米，成为学宫的突出标志。

在罗定学宫10千米之外的石牛山上有一座文峰塔，将棂星门修得如此之高，是为了吸取文峰塔的灵气。如果遇到天晴日朗时，从大成殿前的露台朝南远远望去，透过棂星门上沿可隐约看到文峰古塔。

罗定学宫的大成门也叫戟门，它与名宦祠、乡贤祠、明伦堂和忠节孝祠连在一起，这也是岭南众多学宫所共有的现象。名宦祠和乡贤祠的设立，是地方学宫与曲阜孔庙的不同之处。

大成门东侧是名宦祠，用以安放曾在罗定为官、政绩卓著、受民

敬重的官宦牌位。西侧是乡贤祠，用以安放罗定州中取得功名、受民敬重的乡贤牌位。

大成殿是学宫中最主要的建筑，也是祭祀孔子大成至圣先师的地方。"大成"一词出于孟子所说："孔子之谓集大成"一语。

自北宋徽宗"诏文宣殿曰大成"，确定文庙大成殿的正式名称后，普天之下各地的文庙主殿，通称为"大成殿"，其建筑等级是文庙中和地方上所有建筑中最高等级的，享有官家的礼仪待遇，一般都是重檐歇山顶、黄色琉璃瓦、红柱红墙、雕龙画凤。

罗定学宫的大成殿与岭南地区大部分学宫一样，虽是重檐歇山顶式，但并非密闭封顶，而是通透的，这主要考虑南方的天气原因。北方冬季较长，空气干燥，因而北方大殿顶重檐密闭，有利保温保湿，冬暖夏凉。南方多雨水，气候较湿润，高温天气多，如果殿堂是密闭

式的，殿内势必既热且湿。

罗定学宫大成殿的殿顶，从殿内望去如两把重叠在一起的雨伞，两层屋檐间隔有1米多高，四周通透，站在殿内可看到大殿周围的景致，风从四面吹进殿内，但雨水却飘不进来。

这种巧妙的设计，有利于通风透光，透气除湿。尤其是酷暑天气，殿内清风徐来，倍觉凉爽，这也是岭南地区学宫建筑因地制宜设计建造的范例。

这种通透的设计，从外观上看，庄重而不失灵巧。如果从高处俯视，大成殿呈正方形，四四方方，好似一枚传国玉玺，设计者寓意为"学而优则仕"。同时，大殿重檐顶的正脊灰塑两条金龙相对，戏耍葫芦，因葫芦与福禄谐音，故此景叫"双龙捧福禄"。这种脊塑，也是岭南地区所特有的。

在大成殿内，最让人瞩目的当属孔圣人像，这座孔圣人像高2.56米，历时两年雕成。当时在大成殿修葺后，罗定县令就派人四处苦寻适合雕刻学宫孔子像的木料，但是一直都没有找到合适的。

忽然一天，有人在新兴县的河床发现了一棵千年古樟木。此木有三奇：一是奇迹，据一些有经验的老人讲，这棵树至少已经活了2500多年了，与孔子同时代，埋藏地下千年却没有一丝腐烂；二是奇香，这棵古树历经漫长岁月仍能散发出缕缕清香；三是奇缘，几经寻觅，偶得于佛教圣地禅宗六祖的故乡新兴县。

该古樟木直径达2米，被人工截成三段后运到罗定学宫，其中一段长2.57米，非常适宜作孔子雕像的木料。

孔子像雕成后，正立于大成殿中央。只见圣像浑然一体，润泽光亮，神态自然，服饰纹路清晰优美。点睛之后，更觉孔子目光如炬，充满睿智，凡到学宫的人都赞叹不已。

樟木又名香樟，被当地人称为"神木"，木质呈黄褐色，纹理顺直，可防虫蛀，具有樟脑般的气味。据说因为樟树木材上有许多纹路，像是大有文章的意思，所以古人就在"章"字旁加一个木字为树命名。孔子被尊为"文圣"，樟木自然也成为雕刻孔子像的理想材料，以至于罗定学宫为此已寻觅数年之久。

大成殿外檐雕花的檐口板上正中，雕有一副书卷形额联，正中书"天开文运"，右边为"植纲常名教"，左边为"造域朴菁莪"。

联中的"纲常"是指三纲五常，"械朴"是古籍《诗经·大雅》中的篇名，多以喻贤才众多，"菁莪"出自《诗经·小雅》，指育才。这幅帖联的意思是说：孔子创立的儒学，制订了社会道德规范，培育众多的贤才。大成殿檐口的额帖，各地文庙均不相同，罗定学宫的额帖尤为构思独特。

除此之外，在学宫里还有一棵古凤凰树，周围的花开得特别多，花朵特别红，花期早且长，特别漂亮。

罗定学宫是目前广东两江流域仅存的形制最完整、规模最大、保存古建筑物最多的学宫。

知识点滴

相传罗定学工在为孔子雕像的时候，发现樟木各部分尺寸竟与孔子像的基本造型十分吻合,在雕刻手的造型时，由手部至腹部部分的木料自然剥落，竟然与实际需要丝毫不差，更神奇的是，木料剥落后，在衣袖与身体躯干之间两边各形成一条很深很细的隙，并且顺着躯干的弧度延伸至背部深处。雕刻家说，这两道弧形细缝，用工具是不可能完成的。在完成背部头巾时，由头巾到两肩之间的两块木料也是自然剥落。

后来，人们讲起这段经历的时候还在惊叹：这樟木真是专为孔子而生的！